歪められた真実

昭和の大戦
大東亜戦争

井上和彦

WAC

はじめに

「大東亜戦争はアジアを植民地支配するための侵略戦争だった」『無謀な作戦の連続だった』『日本軍は米軍に全く歯が立たずに惨敗した』『アジア諸国に皇民化教育を強要した』『特攻隊は犬死にだった』『無用の長物〝戦艦大和〟』『東南アジアの人々は日本軍にひどい目にあわされて今もそのことを恨んでいる』『大本営発表はウソだった」などと、先の大戦は常にこのような批判にさらされてきた。そしてこうした批判がいつしか「定説」になったのである。

だが、こうした「定説」は、正しいのだろうか。

そもそも、戦後、当たり前のように使われてきた「太平洋戦争」という呼称そのものがGHQによる「歪められた真実」の象徴なのだ。日本政府は昭和16年12月12日の閣議で「今次の対米英戦は、支那事変をも含め大東亜戦争と呼称す」と決定しており、したがって日本が戦った戦争は太平洋戦争ではなく「大東亜戦争」なのである。

これまで私は、大東亜戦争を実際に戦った将校や下士官、兵士など数多《あまた》の日本軍将兵を取材し、また激戦地だった戦跡に足を運んで地元の人々にも話を聞いて回った。すると戦後我々日本人が学校教育で受けてきた歴史教育やメディアが伝える内容との大きな違いに驚かされたのだった。

これまでの「定説」はウソだらけだったのだ。

本書は、大東亜戦争のあらゆる「定説」を検証し、これまで日本人に封印されてきた史実をお届けする。

〝日本はなぜ勝てない戦争を始めたのか〟

戦後の日本社会に流布する大東亜戦争に対する批判は、この後出しジャンケンともいえる雑な批判をベースとしていることが多い。ましてや〝こうすれば勝てたのに、なぜしなかったのだ〟と得意げに語る輩の戦略論なるものは、後出しジャンケンの極みであり、聞くに堪えないものがある。

日本の近現代史を醜聞の色に染め上げようと躍起になっている反日左派勢力はもとより、あらゆる方面の論客からも、やれ、かの作戦は間違っていただの、あの指揮官は無能だったのと、まるで軍事に精通した専門家気取りのもっともらしい批判が飛び出してくる。

そもそも大東亜戦争に打って出た日本は、アメリカとの国力の差は十分に理解しており、したがって、相手に大きな打撃を与えたところで講和に持ち込もうという日露戦争型の〝講和勝利〟を考えていた。こうしたことは世界情勢や軍事力に明るかった当時の日本の指導層は誰もがわかっていたであろう。だがその講和に持ち込めるだけの決定的な戦果を挙げられずに、講和の機会を完全に失ってしまったことは痛恨の極みであり、この戦局の見誤りに対しては批判されても仕方がない。

ただし日本が大東亜戦争に突入していった主な理由は、アメリカの謀略があり、国家存亡の機に立たされた日本はこの挑発を受けて立つ以外に選択肢はなかったのである。

そしてもう一つ、大東亜戦争は、欧米列強による植民地支配からアジアを解放する戦いでもあった。その理念が大東亜共栄圏構想であり、それ故にアジア各民族が共鳴して日本軍を歓迎したのである。実際にアジア各地を自分の足で歩き、地元の人々の声に耳を傾けると、大東亜戦争が、アジア諸地域を植民地支配するための侵略戦争だったなどという「定説」は捏造《ねつぞう》であることがわかる。

にもかかわらず大東亜戦争は、かの東京裁判で侵略戦争の汚名を着せられ、多くの人々が復讐のために処刑された。だがのちにこの裁判にかかわった各国判事らが裁判の不当性を吐露し、または批判し、この裁判を主導したダグラス・マッカーサー自身が大東亜戦争は日本の自存自衛の戦いであったことを証言した。ところがそれでも日本人は、大東亜戦争を再評価しようとはせずに今日に至っている。それどころか、日本人は戦争の負の側面だけを取り上げ、戦術・作戦の失敗を批判することがさも理知的で、バランス感覚をもった良識人であるかのように振る舞ってきたのだ。

日本軍の作戦や戦略、さらには兵器の欠点を見つけ出して糾弾し、至純の愛国心を持って戦った兵士たちの忠誠心や心情を蔑《さげす》むことがもはや「定説」となった感がある。

たとえば、その代表の一つが戦艦「大和」だろう。

日本は、真珠湾攻撃をはじめマレー沖海戦で自ら航空機優勢の時代の到来を証明しておきながら、〝大艦巨砲主義〟を捨てきれずに戦艦「大和」なる無用の長物を建造し続けたと。だがこの日本軍批判の代表的「定説」は、あまりにも偏った見方と言わざるを得ない。

そもそも戦艦「大和」の建造が始まったのは、1937年（昭和12）11月4日のことで、大東亜戦争勃発の4年も前のことだ。ということはつまり、列強諸国もいわゆる大艦巨砲主義の真っただ中にあり、強力な戦艦を建造することにしのぎを削っていた時代であった。しかも進水は1940年（昭和15）8月8日で、これまた真珠湾攻撃の1年以上前のことである。

そこでよく考えていただきたい。

「大和」が起工された昭和12年に、その4年後の航空機優勢時代の到来を予測できただろうか。また進水した時点でその1年4カ月後の戦い方の革新的変化など誰が想像できただろうか。できるはずがなかろう。

さらに言えば、戦艦「大和」の就役は1941年(昭和16)12月16日で、それは真珠湾攻撃の8日後、マレー沖海戦の6日後だった。「大和」の登場を得意げに批判する論の多くは、「大和」の就役が、こうした航空機時代到来が証明された海戦の後だったことから、「大和」を「時代遅れ」「無用の長物」だったと物知り顔で嘲笑しているのだ。だがこうした結果論は、艦艇の建造には4年という歳月を要することを理解していない。一日や二日で6万5千トンもの巨大戦艦が造れるわけがないのだ。

「大和」は、期待された大規模な戦艦同士の艦隊決戦もなく昭和20年4月7日に沖縄への水上特攻で米艦載機に沈められたことで、「無用の長物」だと批判されている。だがその前に、かくも巨大な戦艦を設計建造できたという当時の日本の建造技術をまず称賛すべきではないだろうか。

実は、「大和」の就役予定は昭和17年6月15日であり、実際に就役した昭和16年12月16日は6カ月も早かったのである。

これは驚くべき事実であり、現代における艦艇建造でも納期を半年も前倒しすることは、そう簡単なことではない。

高度なコンピュータをはじめ、インターネット、通信機器、コピー機などがなかった時代に、よくぞあのような巨大戦艦を設計し、製造工程を縮めて完成させたものだと感心する。

納期を縮めるためには、建造にかかわるすべての製造会社がそれぞれの担当部品や機器の生産工程を一斉に変更しなければならなかった。また下請け会社も失敗は許されない。たった一つの小さな部品に不具合が生じるだけで、後続して納入される部品や機器の取り付けにも影響が出てしまうからだ。

このあたりについては、日下公人氏と三野正洋氏の共著『「大和」とは何か』（WAC）に詳しく解説されているが、戦艦「大和」は、その建造のための優れた生産管理と工程管理がなによりも称賛されるべきなのだ。ところが戦艦「大和」に対する評論には、こうしたシステム構築の叡智と高い生産技術に対する評価がまるっきり抜け落ちているのである。

実は「大和」をはじめとする軍艦の建造技術が戦後の技術大国日本の基礎となったこと

を忘れてはならない。

戦後、マンモスタンカーなどの造船技術はまさにこうした日本の高い軍艦建造技術が基礎になっていたのである。

この視点を用意すれば、戦艦「大和」に対する評価は大きく変わってくることだろう。

同様に、大東亜戦争の〝悪評〟の代表格となっている「大本営発表」も、誇張した戦果を吹聴して国民を騙すことが主目的ではなかったのだ。

もちろん戦果の誤認はあったし、事実とは異なる戦果発表が行われたことも確かである。また国民の戦意高揚のためのものであったことは言うまでもない。だがもう一つの側面は、ディスインフォメーション（Disinformation）、つまり敵に対する偽情報という軍事戦略の一環だったのだ。

たとえば、日本軍の損害を正確に発表すれば、アメリカ軍は日本軍の残存兵力を知ることができる上、作戦の成果を検証する情報を与えることにもなる。また逆に日本軍が戦果を誇大に発表すれば、場合によっては、他の戦線で戦っているアメリカ軍やアメリカ国内はその情報に振り回されることにもなろう。

このことは現在のウクライナ戦争をみても明らかだろう。ロシア軍が発表する戦果や自軍の損害は、ウクライナ側のそれらと大きな乖離《かいり》があり、それどころか両国の数字は英国やアメリカなどの分析とも数値が異なっているではないか。

余談だが、大東亜戦争の一年半前に起きたノモンハン事件（1939年5月）は、日本軍はソ連軍に大敗しながら停戦にこぎつけたと考えられていた。ところがソ連邦末期のグラスノスチ（情報公開）によって、実はソ連軍の人的損害は日本軍のそれより多かったことがわかったのだ。つまり日本軍は負けてはいなかったのである。

大東亜戦争中盤以降でも日本軍が圧倒的物量を誇る米軍相手に勇戦敢闘し、大きな戦果を挙げていたことも少なくなかった。

されど日本は力及ばず敗戦した。

もちろん敗戦の原因を検証し、個々の作戦の失敗に対する反省が必要であることに異論はない。

しかしながら、結果からさかのぼってその失敗の原因をあげつらい、得意げに批判をすることにどのような意味があるのだろうか。その前に、未来の日本のために精魂込めて戦ってくれた先人への感謝と顕彰があってしかるべきだろう。

第一次世界大戦時、連合軍の船団護衛のため第二特務艦隊を率いて地中海で大活躍した佐藤皐蔵《こうぞう》中将は、第一次世界大戦で日本が戦勝国になった後、若き海軍士官に戒めを説いた。

《日露戦役中旅順攻撃の難局にあたり、甚大の犠牲を払いながらも尚《なお》運命に恵まれざりし乃木軍に対し、また朝鮮海峡を守り不遇の下に最善の努力を尽くした上村艦隊に対する我が国民の軽佻《けいちょう》浮薄《ふはく》なる態度を顧みれば実に慚愧《ざんき》に堪えざるものがあります。大任を果たすべき国民は剛柔沈着であらねばならぬ。不撓《ふとう》不屈の精神を持たねばならぬ。最善の努力を尽くしても尚運命に恵まれざる人に対して温かき同情を寄する襟度《きんど》を示さねばならぬ。この点は遺憾ながら我が国民に欠けたるところがあると思う。深甚の猛省を促したいのであります》

これは1920年（大正9）7月2日の海軍兵学校における佐藤提督の講演録の一部であるが、驚くべきことにこの内容は、そっくりそのまま現代にまで当てはまる。

本書を通じて、大東亜戦争の負の部分だけが強調された「定説」を再検証し、大東亜戦争再評価のきっかけにしていただければ筆者としてこれにすぐる喜びはない。

2023年7月3日

井上和彦

歪められた真実

昭和の大戦　大東亜戦争

◎目次

装幀／須川貴弘（WAC装幀室）

真実1

真珠湾攻撃は「奇襲」ではなかった

大東亜戦争開戦劈頭《へきとう》の真珠湾攻撃は、湾内に空母が不在で戦艦しか沈めることができなかったことや、攻撃隊が燃料タンクを破壊しなかったことなど、「ああすればよかった」「こうすべきだった」など不備だった点だけが取り上げられて批判されることが多い。

だがそれは結果からみた批判であり、開戦劈頭の大博打ともいえる真珠湾攻撃で、そんなパーフェクトゲームなど計画通りにできるものではない。

どうも最近は真珠湾攻撃の負の部分だけがことさら強調され、それが「定説」になっているようだ。だが、作戦に参加した将兵は極度の緊張感の中で最善を尽くし、あれほどの戦果を挙げたのだから、まずはその点を評価し、そして顕彰すべきではないだろうか。

真珠湾攻撃に参加した雷撃機の搭乗員・前田武氏に話を伺い、そして私自身が小型機で真珠湾上空を飛んでこの攻撃を追体験してみた。すると、いくつもの事実がわかってきた。

大東亜戦争開戦劈頭の真珠湾攻撃は、一般に〝真珠湾奇襲〟と言われている。

だがそもそも〝奇襲〟とは、こちらの攻撃が敵に察知されていない状況下での攻撃のことをいう。奇襲を企図した真珠湾攻撃では、魚雷を抱いた九七式艦上攻撃機からなる雷撃隊が先行して敵艦に魚雷攻撃を仕掛け、これに続いて地上の敵戦闘機や対空陣地などを殲滅する九九式艦上爆撃機（急降下爆撃機）と戦闘機が攻撃する手順になっていた。

その奇襲攻撃を攻撃隊全機に知らせるのは、飛行総隊長・淵田《ふちだ》美津雄中佐の役目であり、この指揮官機から信号弾が1発上がったときが奇襲の合図であった。

しかし、企図した奇襲攻撃が敵に察知され、上空で敵戦闘機が待ち構えているといった状況下での攻撃は、敵の妨害を強制的に排除しての〝強襲〟となる。

そのときは、指揮官機が信号弾を2発発射し、奇襲のときとは逆に、まずは戦闘機隊と急降下爆撃隊が先行して敵を制圧し、雷撃隊および水平爆撃隊がこれに後続する手はずとなっていたのだ。

攻撃隊は機種ごとに、その攻撃目標が定められていた。

魚雷を抱いた雷撃隊の九七式艦上攻撃機40機（指揮官　村田重治少佐）と、高い上空から敵艦を攻撃するための800キロ爆弾を搭載した水平爆撃隊の九七式艦上攻撃機49機（指揮官　淵田美津雄中佐）は、敵戦艦群を攻撃目標とした。そして250キロ爆弾を積んだ急降下爆撃隊の九九式艦上爆撃機51機（指揮官　高橋赫一少佐）は、3つの飛行場の地上目標を破壊する任務が与えられていた。そして板谷茂少佐率いる零戦43機は、敵艦および敵地上目標の攻撃に専念する九七艦攻および九九艦爆を護衛し、加えて地上目標の攻撃も担任したのである。

ちなみに雷撃と水平爆撃を担任した九七式艦上攻撃機は、操縦員・偵察員・電信員の3人乗りの機体で、重量約840キロの魚雷もしくは800キロ爆弾を搭載した。

九九式艦上爆撃機は、上空から急降下で敵艦や地上施設に250キロ爆弾を叩きつける爆撃機で操縦員と偵察員の2人乗りの機体だった。同機は、第一次攻撃隊では地上施設等の爆撃に任じたが、第二次攻撃では艦艇を攻撃して戦果を挙げている。

そして戦闘機隊は言わずと知れた零式艦上戦闘機21型で、抜群の運動性能と7・7ミリ機銃2丁と強力な20ミリ機関砲で、敵戦闘機を排除して九七式艦上攻撃機と九九式艦上爆撃機を護衛して攻撃を助けたほか、地上目標の攻撃も行った。

しかも攻撃隊は、当時世界で最も戦闘技術の高い航空攻撃隊だった。そんな攻撃隊による真珠湾攻撃は完璧な奇襲だったが、実はそこに大変なミスが生じていたのである。

第一航空戦隊の空母「加賀」の雷撃隊員として九七式艦上戦闘機の偵察員を務めた前田武一等飛行兵曹がこう証言する。

「淵田中佐機から信号弾が2発上がったんです。それで〝強襲〟と間違えて、戦闘機隊と艦上爆撃機隊が、我々艦上攻撃機の雷撃よりも先に敵基地に攻撃を仕掛けてしまったんです。実は、これは大きなミスでした」

これはいったいどういうことなのか。

前田氏は、この時の詳細を語ってくれた。

「飛行総隊長の淵田中佐機からまず1発の信号弾が上がりましたので、我々艦上攻撃機隊はこれを確認して突進を始めたんですが、援護する役目の戦闘機隊が動こうとしなかったんです。そこで、淵田中佐は、戦闘機隊が1発目の信号弾が見えなかったものと判断して2発目の信号弾を撃ってしまったんです。これが失敗でした。今度は、艦上爆撃隊が〝信号弾2発〟を確認して〝強襲〟と勘違いしてしまったんです」

攻撃前のハワイ上空でたいへんなことがおきていたのだ。

こうして魚雷を抱いた九七式艦上攻撃機の雷撃の前に、爆弾を積んだ九九式艦上爆撃機の攻撃隊が、戦闘機隊の零式艦上戦闘機と共にフォード島の敵航空基地などに対地攻撃を開始したのである。そして攻撃を受けた地上施設は破壊され、航空機は撃破されて炎上して黒煙を噴き上げたのだった。

なるほど、ハワイのフォード島には、First Bomb Crater（ファースト・ボム・クレーター）という爆弾が炸裂してできた窪地が当時のまま残されている。真珠湾攻撃が開始された初弾着弾の跡というわけだが、これは雷撃隊よりも急降下爆撃隊の対地攻撃が先行したなによりの証左である。何が大きなミスだったのか。

前田氏は続けた。

「フォード島には飛行機のほかにガソリンタンクもある。我々艦上攻撃隊が現場にたどり着いたときは、もうすでに真っ黒な煙が上がっていました。この黒煙がもし、我々が攻撃を仕掛ける海側に流れていれば、魚雷攻撃は不可能だったでしょう」

なるほど風の向き次第では、雷撃隊の攻撃ができなかった可能性があったのだ。

1941年（昭和16）12月8日午前7時52分（日本時間午前3時22分）、第一次攻撃隊長・淵田美津雄中佐は、「ワレ奇襲ニ成功セリ！」を報せる暗号略号〝トラ・トラ・トラ〟を打電した。

こうして6隻の空母「赤城」「加賀」「蒼龍」「飛龍」「瑞鶴」「翔鶴」の戦闘機・雷撃機・急降下爆撃機からなる攻撃隊は、真珠湾に停泊する米艦艇に猛然と襲いかかったのだった。

湾内には、戦艦「カリフォルニア」「メリーランド」「オクラホマ」「ウエストヴァージニア」「テネシー」「アリゾナ」「ネバダ」が並び、ドックには戦艦「ペンシルバニア」など8隻の戦艦の他、重巡洋艦2隻、軽巡洋艦6隻、駆逐艦30隻、さらに給油艦など48隻がいた。

前田氏はいう。

「水深の浅い真珠湾内の敵艦を魚雷で攻撃するには、海面すれすれの高度10メートルで飛び、この超低高度から、深く潜らないように工夫された魚雷を慎重に投下しなければならないんです。もしフォード島の黒煙が海側に流れて、海面を覆うようなことがあれば魚雷攻撃はできなかったかもしれません。ところがこの日は運よく、風が味方してくれて、黒煙が海側に来ることがなく、目標が鮮明に見えたのです」

風が雷撃隊に味方してくれたのだ。魚雷を抱いた雷撃隊は黒煙に邪魔されることなく、海面すれすれの超低空で敵戦艦群に突進して次々と魚雷を命中させていったのだった。

そのときの様子を前田氏はこう回想する。

「戦艦『アリゾナ』を見たら、外側横に修理用の小さな艦が横付けしていたので、雷撃しても魚雷がその小さな艦に当たるのではないかということで、『アリゾナ』を標的から外したんです。そして次に狙ったのが、籠マストが象徴的なカリフォルニア型の戦艦『ウエストヴァージニア』でした。まず我々二番機に先行していた一番機の魚雷が見事に『ウエストヴァージニア』のど真ん中に命中して、バァッ！と水柱が上がったんです。その直後に私の機が速度約140ノット、高度10メートルで突っ込んで雷撃したわけです。魚雷は艦橋下部に命中！　私の機が『ウエストヴァージニア』の上空を航過した後に大音響とともに大きな水柱が上がったのです。私は偵察員として戦果を確認する必要がありましたから、その一部始終を目に焼き付けました。あの光景はいまも忘れられません」

戦艦「ウエストヴァージニア」が恰好の目標となり、同艦への魚雷攻撃が最初であり、放たれた9発の魚雷のうち7発が命中して沈没した。

戦艦「オクラホマ」も5発の魚雷を受けて大爆発して転覆した。戦艦「カリフォルニア」にも2本の魚雷が命中、戦艦「アリゾナ」および軽巡洋艦「ヘレナ」、標的艦「ユタ」にも魚雷が命中した。

そもそも真珠湾の水深は12メートルと浅いため魚雷攻撃には不向きだった。

ふつう航空機から投下される魚雷は、深く沈下してから敵艦に向かって直進する。ところが真珠湾攻撃で使用された九一式魚雷には、着水後の沈下を防ぐための特殊な木製のフィンと安定板を取り付ける改造が施されており、真珠湾の浅い水深でも海底に突っ込むことなく敵艦めがけて航行できたのである。

だがこの真珠湾用に改良された九一式航空魚雷改二の数は40本のみ。この40本の特殊魚雷は空母「赤城」「加賀」「蒼龍」「飛龍」の雷撃隊に10本ずつ配られたのだった。したがって雷撃隊の使命は重く失敗は許されなかったのだ。

魚雷攻撃の対象となるのが、フォード島岸壁に並んで出船係留されている最も外側の戦艦だった。

驚くべきは、雷撃機隊が40本発射した魚雷のうち36本を敵艦に命中させていることだ。いくら浅い湾用に改造した魚雷とはいえこの命中率は尋常ではない。まさしくこれは訓練の賜物だった。

実は私も、真珠湾攻撃を追体験すべく小型のセスナ機で、第一次攻撃隊の突入経路を飛んでみた。オアフ島北方にあるカフク岬とカナエ岬の中間の海岸上空からオアフ島に侵入すると前方に小さな池のように真珠湾が見えてくる。すると米太平洋艦隊基地でありながらパールハーバーは意外なほど狭く感じたのだった。そして湾の中心にはフォード島があるため、真珠湾そのものが蛇行する川のように見える。今も沈没したままの戦艦「アリゾナ」が上空からも確認でき、着底した艦体から油が流れ、油膜が湾に漂っているため真珠湾攻撃がつい昨日のように思えた。

なるほど前田氏が魚雷攻撃を行った戦艦「ウエストヴァージニア」から対岸までの距離

は数百メートルほどしかない。よくぞこんな距離を海面スレスレの低空で戦艦群に肉薄して魚雷を投下したものだとあらためてその高い技量に感服した。日露戦争での日本海海戦もそうだったが、日本海軍の強さはこうした不可能を可能ならしめる厳しい訓練だったことを改めて認識した。

前田氏によれば、攻撃が始まるとそれまで沈黙していた米軍の対空射撃が始まり、厄介だったのは、雷撃隊や水平爆撃隊の標的ではなかった駆逐艦などから狙い撃ちされたことだったという。なるほど自艦が攻撃を受けないのだから落ち着いて狙いを定めて撃つことができるため、こうした反撃の対空砲火によって複数の日本軍機が被弾した。

さてそんな魚雷攻撃だが、攻撃後の進路が運命の分かれ道だった。

前田氏は雷撃後の離脱時の出来事についてこう語ってくれた。

「雷撃後、北島大尉の一番機が炎上するフォード島の黒煙の中に突っ込んでいきました。黒煙の向こうには炎があるので、あまり低いと危ないと思いましたが、我々も一番機に続いて黒煙をくぐり抜けたんです。結局はそれで助かったんです。他の機は、雷撃後に、フォード島の黒煙を避けて右旋回していったために対空砲火に狙われたんですよ。実際、我々の空母『加賀』だけでも5機がやられました」

フォード島の黒煙が〝煙幕〟となって身を守ってくれたのである。


雷撃隊とともに水平爆撃隊も大活躍した。

とりわけフォード島岸壁に並んで停泊している戦艦を攻撃する場合、内側に停泊している戦艦には、外側の艦が防波堤となるため魚雷は使えない。その場合は、水平爆撃と急降下爆撃のみが攻撃手段となる。

水平爆撃隊は、魚雷攻撃を行った同じ九七式艦上攻撃機に、貫徹力を増した800キロ爆弾を搭載し、上空から敵艦に投下して破壊する攻撃隊で、米艦隊に大打撃を与えた。この爆弾は、命中してすぐに爆発せず、甲板を突き破って艦内で爆発するよう0・5秒ほど遅れて起爆する遅延信管をつけていたのだ。

第一次攻撃ではこの800キロ爆弾を搭載した九七式艦上攻撃機49機が投入された。

攻撃隊が積んでいた800キロ爆弾は、戦艦「長門」が搭載する41センチ主砲の徹甲弾を改良したものであった。つまり上空から戦艦の主砲で撃たれるようなもので、敵戦艦にとっては、こんな強力な巨弾が上空から降ってきたらひとたまりもない。800キロ徹甲弾は、薄い甲板を突き破って艦内で爆発する仕組みになっており、側面の装甲が厚い戦艦でも大爆発を起こして艦体を破壊してしまう強力な破壊力を持っていた。

事実、戦艦「アリゾナ」には魚雷と同時に800キロ爆弾4発が命中して大爆発を起こして沈没している。

同じく7発の魚雷が命中して大破した戦艦「ウエストヴァージニア」には、2発の800キロ爆弾が艦中央部に命中して沈没した。

また2本の魚雷を受けて船体が傾いた戦艦「カリフォルニア」にも800キロ爆弾が命中して火薬庫が爆発して沈没したのである。

さらにはドックで修理中の戦艦「ペンシルバニア」にも800キロ爆弾が命中して大損害を与えた。

第一次攻撃隊の発艦1時間後、空母「瑞鶴」の飛行隊長・嶋崎重和少佐を指揮官とする第二次攻撃隊が各艦から飛び立った。

第二次攻撃隊167機で、嶋崎少佐が指揮を執る九七式艦上攻撃機54機は800キロ爆弾で水平爆撃を担い、江草隆繁少佐率いる九九式艦上爆撃機78機は急降下爆撃によって敵艦に250キロ爆弾を叩きつける計画だった。そしてこれらを守る制空隊は、進藤三郎大尉の率いる零式艦上戦闘機35機だった。

お気づきのように第二次攻撃隊には魚雷攻撃を仕掛ける雷撃隊がいない。これは、第二次攻撃は第一次攻撃時とはまったく状況が異なり、湾内は雷爆撃を受けて、爆炎および黒煙が上がって視界は悪く、敵艦の位置や状態がつかみにくい。そしてなにより、第一次攻撃隊の猛攻撃で大きな被害を出したとはいえ、敵が迎撃態勢を整えたところへ飛び込んでゆくのだから第二次攻撃隊の攻撃は難しくなる。となれば、海面すれすれの低空で敵艦に肉薄する雷撃はより一層困難な攻撃となり、なにより第一次攻撃のあとになるので雷撃の目標となる敵艦がいるかどうかもわからない。こうした理由から雷撃機は外され、水平爆撃と急降下爆撃で敵の残存艦に挑むことを考えたのだった。

第二次攻撃隊は、真珠湾に向かう途上で、第一次攻撃隊の「トラ・トラ・トラ」の暗号を受信していたのだから身の引き締まる思いだったであろう。

第二次攻撃隊の見た景色はどのようなものだったのだろうか。再び私は嶋崎少佐率いる第二次攻撃隊の突撃路を飛んで追体験してみた。

第二次攻撃隊は、第一次攻撃隊とは異なってオアフ島の北東部から侵入したので、ダイヤモンドヘッド方向から真珠湾を目指して飛ぶことになった。

すると、やはりこちらからも真珠湾は小さな池のように見えるのだが、それは私が飛んだ日が快晴だったからである。

第二次攻撃隊が突入した日は、第一次攻撃隊が米戦艦群を雷爆撃し、地上施設も銃爆撃されていたのでパールハーバー一帯は炎と黒煙に包まれ、著しく視界不良だったはずだ。となれば、爆撃目標も定めにくく、とりわけ急降下爆撃は、立ち上る黒煙が煙幕となり対空砲火が壁となるため、目標を定めて爆弾を敵艦に命中させることは相当の技量が必要だったことだろう。

午前8時54分、第二次攻撃隊は総攻撃命令を受けて真珠湾への攻撃を開始した。急降下爆撃隊は、敵の対空砲火を巧みにかいくぐり、湾内の米戦艦群に次々と250キロ爆弾を命中させていったのだった。

こうして6発の爆弾が、空襲を逃れるために湾外に脱出を図ろうとした戦艦「ネバダ」に命中した。すると沈没して湾口を塞いでしまうことを避けるため「ネバダ」は自らホスピタル岬に座礁したのだった。

なるほど真珠湾上空から見ると、湾の入り口があまりにも狭いことに驚く。こんなところで2万9000トンもの巨大な戦艦が沈没したり横転したりすれば、他の艦が真珠湾から脱出できなくなるどころか、長期間にわたって真珠湾を閉塞させてしまうことになる。「ネバダ」の艦長は、この最悪の事態を避けようとしたのだ。

そして乾ドック内の戦艦「ペンシルバニア」にも爆弾が命中して大火災が発生した。その他、戦艦「メリーランド」や駆逐艦「ダウンズ」などにも爆弾が命中した。

実は、第一次攻撃隊の隊長・淵田美津雄中佐はこの第二次攻撃を見届けていたのだ。淵田中佐は、第一次攻撃隊の攻撃が終わってもなお、真珠湾攻撃の総隊長として真珠湾上空に留まって、嶋崎少佐率いる第二次攻撃の戦闘指揮と戦果確認を行っていたのだ。

淵田中佐は、そのときの様子をこう綴《つづ》っている。

《島崎少佐は、第二波空中攻撃隊を率いて、午前八時四十分（地方時）、カフク岬に達して展開を下令し、午前八時五十四分に突撃を下令した。

この突撃下令によって、江草少佐の率いる降下爆撃隊七十八機は、東方から接敵して真珠湾に殺到した。そのころ真珠湾は、黒煙立ちこめて、目標の視認を妨げた。不敵な江草少佐は、黒煙を縫うて打ち上げてくる集中弾幕の筒に沿うてダイブに入った。すると下るに従って軍艦がはっきりと見えて、これを爆撃したのであった。雉《きじ》も鳴かずば打たれまいという。

発砲さえしていなければ、撃たれずに済んだのであるが、発砲していない奴は、もはや傷ついているのであって、江草少佐のやり方は、発砲している健在な奴を狙ったのだから、第一波の攻撃とダブラなくて、まことにうまく行った。》(『真珠湾攻撃総隊長の回想 淵田美津雄自叙伝』講談社文庫)

開戦当初の日本海軍の急降下爆撃の命中率は神がかり的な高さを誇っており、真珠湾攻撃における急降下爆撃の爆弾命中率は59％だった。

のちのインド洋海戦では、江草少佐が率いる急降下爆撃隊が、英国の重巡洋艦「ドーセットシャー」と「コーンウォール」をわずか20分で撃沈した。このときの命中率は87％という驚異的な高さであり、まるで現代のハイテク兵器を使ったような戦いぶりである。

さらに4日後の4月9日のセイロン沖海戦では、またもや急降下爆撃隊が英空母「ハーミズ」と豪駆逐艦「バンパイア」を撃沈している。この時の急降下爆撃隊は、敵艦2隻に対して45発の爆弾を投下し、その内の37発を空母「ハーミズ」に命中させたのだった。この時の命中率も82％という驚異的な高さだった。

そして豪駆逐艦「バンパイア」に対する攻撃では、16発を投弾して内13発を命中させて撃沈した。その命中率は81％だった。

その後の珊瑚海海戦における空母「レキシントン」および「ヨークタウン」に対する攻撃でも、日本海軍の急降下爆撃の命中率はそれぞれ53％と64％で、投下した爆弾の半数以上が命中していたのであった。

ちなみに米軍の急降下爆撃の命中率は、かのミッドウェー海戦でも36％であったことから、当時の日本海軍急降下爆撃隊の命中率がいかに高かったかがおわかりいただけよう。まさに日本海軍急降下爆撃隊の命中率は、目標にロックオンしてコンピュータによって誘導される現代のハイテク兵器並みだったというわけである。

ヨーロッパ戦線を含めて第二次世界大戦を通して、かくも高い命中率を誇る急降下爆撃ができたのは日本海軍だけだったのだ。

大東亜戦争は、最終的に日米間の兵器の質が大きな敗因の一つだった。たしかに科学技術力、工業力の差は大きかったが、日本軍は技量を磨き、時としてその技量が科学技術や物量の差を上回ることもあったのである。

真珠湾攻撃でも失われた日本軍機がわずかに29機だったのは、やはり搭乗員が優れた操縦技量をもっていたからであろう。

第二次攻撃隊のヒッカム飛行場への攻撃について淵田中佐はこう述べている。

《嶋崎少佐直率の水平爆撃隊五十四機は、主力を以て、ヒッカム飛行場の格納庫群と、一部を以て、フォード島とカネオへの格納庫群を攻撃した。爆撃高度は雲下の千五百米であった。このような低高度爆撃で、熾烈な対空砲火に見舞われながら、一機も失わなかったのは奇蹟である。しかし、約半数に近い二十数機は被弾のため要修理機となって、反復攻撃の場合は、使えなかったのである。

新藤(三郎)大尉の率いる制空隊三十五機は、オアフ島上空の制空権を、第一波の板谷少佐から受け継いで確保すると、そのあと各航空基地の銃撃に移転して、戦果を拡充した》(『真珠湾攻撃総隊長の回想　淵田美津雄自叙伝』講談社文庫)

実際、零戦による制空隊の活躍は大きく、それがあってこそ雷撃隊および水平爆撃隊、そして急降下爆撃隊が雷爆撃に集中できたのである。

第一次攻撃隊183機の内、43機が零戦であり、攻撃隊に敵戦闘機を近づけない〝制空〟と、地上に駐機する航空機などを銃撃して破壊する〝地上掃射〟を任務としていたのである。

真珠湾攻撃による米軍の損害はあまりにも大きかった。

【沈没】戦艦「カリフォルニア」「ウエストヴァージニア」「オクラホマ」「アリゾナ」、標的艦「ユタ」施設艦「オグララ」【着底】戦艦「ネバダ」、工作艦「ベスタル」【大破】軽巡洋艦「ローリー」、駆逐艦「カッシン」「ダウンズ」「ショー」【中破】戦艦「テネシー」【小破】戦艦「ペンシルベニア」「メリーランド」水上機母艦「カーチス」「タンジール」軽巡洋艦「ヘレナ」「ホノルル」。さらに３００機以上もの戦闘機を地上、あるいは空中戦で撃破されたのだった。

一方で、これほどの大戦果を挙げた日本側の損害は、合計わずかに29機だったのだ。

その内訳は、九九式艦上爆撃機15機が最多で、かつ14機が第二次攻撃での被害だった。そして九七式艦上攻撃機５機、零戦９機が未帰還となり、55名が散華した。

中でも特筆すべきは、空母「蒼龍」の制空隊の飯田房太大尉であろう。飯田大尉は、地上攻撃を実施中に対空砲火によって被弾し、帰還を諦めてカネオヘ基地の航空機格納庫めがけて突っ込んで戦死したのである。

これが大東亜戦争初の航空特攻だった。

驚くべきは、米軍が飯田房太大尉の勇敢な行動を称え、その遺体を丁重に埋葬したことである。そして戦後、１９７１年（昭和46）になってカネオヘ基地内に慰霊碑が建立されたのだった。

実はこうした最期を遂げたのは飯田房太大尉だけではなかった。

第一次攻撃隊の空母「加賀」雷撃隊第2中隊長の鈴木三守大尉、そして第二次攻撃隊の空母「加賀」急降下爆撃隊・第12攻撃隊指揮官の牧野三郎大尉が同様に壮烈な最期を遂げており、飯田房太大尉と共に「真珠湾偉勲の三勇士」と称えられ、戦死後、二階級特進して全員が海軍中佐に特進している。

大東亜戦争末期に行われた体当たり攻撃いわゆる〝特攻〟が強制だったと批判するむきもあるが、このように搭乗員らは開戦当初から体当たり攻撃も辞さない覚悟だったのだ。これは戦闘機パイロットを取材してみると、いかに戦後の批評が勝手な想像や思い込みであるかがわかる。

こうして真珠湾攻撃をじっくり検証してみると「定説」がひっくり返ることが多い。

とくに近年、真珠湾攻撃は大局的に審判され〝失敗〟の部類に属されることが定説のようになっている。だが冒頭でも述べたように、まずは、日本海軍が国家の命運をかけてかくも遠くまで大艦隊を遠征させ、尊い犠牲を払いながら世界海戦史上最大の戦果を挙げたことをまずは評価すべきなのだ。判で押したような薄っぺらな批評を聞いていると、いつから日本人は軍事作戦や兵力の運用に長けた専門家になったのかと思えてくる。

アメリカでは、多大な損害を被った真珠湾攻撃が「日本の卑怯なだまし討ち」だと喧伝されてきた。

だがその理由は、アメリカ側の予想をはるかに超える大損害にあったようだ。

このあたりについて空母「赤城」の制空隊指揮官だった進藤三郎氏がこう述べている。

《あれは「だまし討ち」ではなく「奇襲」です。最後通牒が間に合わなかったのは事実ですが、アメリカも米西戦争では宣戦布告なしに戦争をした前歴があります。

ハルノートを日本に突きつけた時点で開戦を覚悟し、戦争準備をしていたはず。現に真珠湾でも、砲側に炸裂弾を用意して臨戦態勢になっていて、第一次の雷撃隊からも被害が出ています。

それを「だまし討ち」などというのは、日本側の実力を過小評価していたため、予想外の被害を出してしまった。責任のがれの言い訳に過ぎないと思います。そもそも、戦争に「だまし討ち」などないんだ》（神立尚紀著『零戦最後の証言2』光人社NF文庫）

〝予想外の被害〟――実に納得がいく。

アメリカがあまりの被害の大きさに驚いて、その責任逃れのための方便が「だまし討ち」だったという進藤氏の指摘は説得力がある。

大戦果を上げた真珠湾攻撃――最大の目標だった空母「エンタープライズ」「レキシントン」が不在だったことは確かに定説どおり悔しい限りである。もちろんこのことがその後の戦いに与えた影響も小さくなかった。また真珠湾攻撃で沈没した戦艦の多くが修理の後に戦線復帰を果たしたことは日本軍にとって予想外だったに違いない。だが、それは米軍の工業力の問題であり、真珠湾攻撃が無意味だったわけではない。

日本海軍の攻撃は、米軍の予想をはるかに超える大戦果を上げていたことは覆うべくもない事実であり、素直にその大戦果を高く評価し、まずは攻撃隊の武勲を称賛すべきではないだろうか。

真実2

封印された「日泰攻守同盟条約」

毎年8月15日の終戦の日が近づくと、毎度のことながら中国と韓国が過去に対する謝罪と反省を求めてくる。これに乗じて日本のメディアが、戦争の悲劇を繰り返し発信する。

これは、もはや〝夏の風物詩〟となっている。

「かつて日本はアジア諸民族に戦争で大変な迷惑をかけ、今でも日本は恨まれ警戒されている」という「定説」が日本社会にすっかり定着してしまった感があるが、本当にそうなのだろうか。

実は、「当時アジアでたった2つの独立国が、軍事同盟を結んで欧米列強諸国と戦っていた」という事実をご存じだろうか。その2つの独立国とは大日本帝国とタイ王国だったのである。

ところが日本のメディアや政治家、もっといえば日本の戦争責任を問い続ける中国と韓国は、なぜかこのことについて一切触れようとしない。

実におかしなことである。

ではここで、封印された日本―タイ軍事同盟の史実を紹介しよう。

大東亜戦争開戦前、アジア全域は欧米列強の植民地だった。

インド、ビルマ、マレーシア、シンガポールなどは英国、インドネシアはオランダ、インドシナ半島はフランス、フィリピンはアメリカのそれぞれの植民地であり、アジア人はこれら欧米列強諸国に支配され、搾取と圧政に苦しんでいた。

そんな中、アジアで独立を保っていたのは大日本帝国とタイ王国だけだったのだ。もっともタイが独立国であり続けたのは、「日本のように欧米列強諸国に侮られない強力な軍事力を備えていたから」ではない。

タイが独立国であったのは、仏領インドシナと英領マレー、ビルマ、インドの、つまりフランスと英国の緩衝地帯とされていたからである。

そんな状況下で、欧米列強によるこれ以上のアジア侵略を阻止し、そして欧米列強をアジア地域から追い出すには、まず日本とタイが手を組んで共闘することが他に選択の余地のない必然のフォーメーションだったのだ。もっと言えば、大日本帝国とタイ王国の連携は、欧米列強のアジア植民地支配から、自国を守る唯一の安全保障枠組みだった。

1941年（昭和16）12月8日、日本が米英に対して宣戦布告するや、日本とタイは平和進駐協定を締結、日本軍は合法的にタイ領を通過し、マレー攻略戦を実行した。

次いで同年12月21日には「日泰攻守同盟条約」（〝日泰同盟〟）つまり日本―タイ軍事同盟

が締結されたのである。
タイは日本の〝同盟国〟だったのだ。
《大日本帝国政府及「タイ」王国政府ハ東亜ニ於ケル新秩序ノ建設カ東亜興隆ノ唯一ノ方途ニシテ且世界平和ノ恢復及増進ノ絶対要件タルコトヲ確信シ之カ障碍ト為レル一切ノ禍根ヲ芟除根絶スルノ確乎不動ノ決意ヲ以テ左ノ通協定セリ
第一条　日本国及「タイ」国ハ相互ノ独立及主権ノ尊重ノ基礎ニ於テ両国間ニ同盟ヲ設定ス
第二条　日本国又ハ「タイ」国ト一又ハ二以上ノ第三国トノ間ニ武力紛争発生スルトキハ「タイ」国又ハ日本国ハ直ニ其ノ同盟国トシテ他方ノ国ニ加担シ有ラユル政治的、経済的及軍事的方法ニ依リ之ヲ支援スヘシ
第三条　第二条ノ実施細目ハ日本国及「タイ」国ノ権限アル官憲間ニ協議決定セラルヘシ
第四条　日本国及「タイ」国ハ共同シテ遂行セラルル戦争ノ場合ニ於テハ相互ノ完全ナル了解ニ依ルニ非サレハ休戦又ハ講和ヲ為ササルヘキコトヲ約ス　以下略》
事実、タイは、1942年（昭和17）1月25日にアメリカ、英国に対して宣戦布告を行い、

連合軍と戦闘状態に突入していたのである。

そして両国が、兵器供与でも繋がっていたことはほとんど知られていない。

大東亜戦争の前から、タイ海軍は日本に軍艦の建造を発注し、潜水艦4隻を含む14隻の日本製軍艦がタイ海軍に引き渡されていたのだ。これらの艦艇には、日本の軍艦に装備されていたものと同じ武器や機器が搭載されていた。

そんな日本製軍艦の中で、1937年（昭和12）に横須賀の浦賀船渠《せんきょ》（造船所）で建造された「Maeklong《メクロン》」（常備排水量1400t／全長84m、全幅10・5m）は、なんと1995年（平成7）まで58年間も練習艦として活躍した〝最後の日本海軍艦艇〟といってもいいだろう。

ちなみに本艦は、艦橋や煙突など当時の日本海軍駆逐艦が誇った独特の美しい外観を損ねることなく保存され今も一般公開されている。

前後甲板には2基ずつ計4基の主砲が装備されているが、これは日本海軍の海防艦や重巡洋艦が搭載していた45口径120ミリ砲であり、両舷の45ミリ連装魚雷発射管も日本海軍駆逐艦が装備していたものである。そして艦橋内に配置された磁気羅針儀には、〝NIPPON KOKAIKEIKI CO.LTD.〟（日本航海計器株式会社）の銘版も確認できる。

また艦内には、同艦のタイ海軍への引き渡し式の写真などが誇らしく展示されており、これらの展示写真から戦前の日本とタイの友好的な関係がよくわかる。

戦前のタイ海軍では、この「メクロン」のほかにも日本製軍艦が運用されていた。

川崎重工業神戸造船所で建造され、1938年（昭和13）に進水した海防戦艦「トンブリ」級だ。満載排水量2265トン、全長76mと、大きさは日本海軍の駆逐艦ほどだが、三年式50口径20センチ連装砲2基をはじめ、40口径四一式8ミリ平射砲4基、40ミリ機銃2基、13ミリ高射機関砲2丁と、巡洋艦並みの重武装だった。

なるほど主砲の50口径20センチ連装砲は、「妙高」型重巡洋艦の主砲と同じであり、それを前後甲板に一基ずつ搭載していたのだ。未確認情報だが、「トンブリ」級に搭載された20センチ連装砲は、改装前の空母「赤城」もしくは「加賀」が搭載していたものだという説もある。

タイ海軍は、仏印（現在のベトナム・カンボジア・ラオス）に展開するフランス海軍に対応すべく日本に軍艦を発注し、「トンブリ」と「スリ・アユタヤ」の2隻が川崎重工で建造されたのだった。

タイ海軍の主力艦となった一番艦「トンブリ」は、大東亜戦争のおよそ一年前となる1

941年（昭和16）1月17日に、タイ南部のカンボジアに近いコーチャン島沖でフランス海軍と激突した。「コーチャン島沖海戦」である。

この海戦で「トンブリ」はフランス海軍の砲撃で艦橋部に命中弾を受けて大破し、擱座《かくざ》してしまった。そして1941年末に日本の手助けによって引き上げられ、のちに練習艦として使用されたのだった。

そして今でも艦橋と主砲の三年式50口径20センチ連装砲がタイ王国海軍兵学校に展示されており艦橋に上ることもできる。

水上艦艇だけでなく、戦前、日本はタイに潜水艦まで建造していたのだ。

1937年（昭和12）に三菱重工業神戸造船所で建造された4隻の「マッチャーヌ級潜水艦」が、その翌年にタイ王国海軍に納入されている。この潜水艦はタイ海軍初の潜水艦でもある。もちろん引き渡しの前には日本でタイ人乗員の訓練が行われており、両国海軍の人的交流も盛んに行われていたようだ。

マッチャーヌ級は、水上排水量375t、全長51m、乗員29名という小さな潜水艦だが、艦首に4門の魚雷発射管と8センチ単装砲を備えており攻撃力は高いものがあった。

この潜水艦のセイルと呼ばれる艦橋部は今でもタイで見ることができる。

バンコク南方のサムットプラカーン県にある「海軍博物館」にマッチャーヌ級潜水艦の艦橋部と艦載砲が現存するのだ。

軍艦だけではない。タイには日本製の九五式軽戦車が複数保存されている。

戦前、タイは日本から相当数の九五式軽戦車を購入しており、サラブリー県の陸軍騎兵学校には可動状態のものもある。まさにこの九五式軽戦車は、日泰攻守同盟条約の象徴でありその生き証人といえるだろう。

このようにタイには、かくも多くの日本製兵器が現存し、戦前の両国の関係を語り継いでくれているのだが、なによりそんなタイの親日感情には頭が下がる思いがする。

タイの親日ぶりは、日泰攻守同盟条約が締結される前からだったのだ。

実は、満洲国をいち早く承認したのはタイ王国であり、日本が、1933年に柳条湖事件をはじめ満洲国を巡る問題で国際連盟を脱退したときも、かのリットン調査団による報告書の同意確認で42カ国の賛成にもかかわらず、タイは棄権票を投じて日本側につく姿勢を世界に示したのだった。

『アジアに生きる大東亜戦争』(ASEANセンター編/展転社)によれば、タイは、日本がABCD包囲網で欧米列強諸国の兵糧攻めにあっていたときも、タイ国内で生産される生ゴムと綿のすべてを日本に供給してくれており、この決断をしてくれたのがタイ王国第3代首相プレーク・ピブーンソンクラーム首相（通称　ピブン首相）だった。

そして日泰同盟が締結されるや、ピブン首相は、重慶の中国国民党政府の蔣介石総統に対して「同じアジア人として日本と和を結び、米・英の帝国主義的植民地政策を駆逐すべきである」という勧告の電報を打ったのだった。

さらに彼は、タイ王国内のインド人やビルマ人に対して、それぞれの祖国の独立運動を促した。タイ王国そしてピブン首相は、日本の掲げた〝アジアの植民地支配からの解放〟そして〝大東亜共栄圏〟の理想を誰よりも理解してくれていたのである。

そして大東亜戦争が始まった。

1941年（昭和16）12月8日、山下奉文《ともゆき》中将率いる第25軍の第5師団および第18師団本隊は、この時点で中立国だったタイ南部のシンゴラ、パタニの両海岸に上陸し、バンコク経由で南下する近衛師団とともにマレー半島西海岸に向けて進撃を開始した。

この日、日本とタイ王国は、平和進駐協定を締結し、これによって日本軍は合法的にタイ国内を通過できるようになったのである。

その後前出の日泰攻守同盟条約が締結され、日本とタイは同盟国となるのだが、このことは否定しようのない歴史的事実なのだ。

タイ人なら誰でも知っている『クーカム』というドラマがある。

大東亜戦争を時代背景にしたこのドラマは、日本海軍士官とタイ人女性の戦時下の恋愛を描いた映画『クーカム』（和名「メナムの残照」）を元に製作されたものであり、1970年にTVドラマ化されて以来2013年まで、なんと6回もリメイクされ続け、加えて1973年には映画化されたのを皮切りに役者を変えながら幾度となく映画化（最新版は2013年）されてきたタイ随一の大人気恋愛ドラマ＆映画なのだ。

このドラマの主人公は、日本海軍士官の小堀大尉、その名はタイでは広く知れ渡っており、そのためタイでは、日本男性がタイ人から〝コボリ〟といわれることがあるという。

再度言うが『クーカム』は、大東亜戦争下の日本とタイ王国の関係を物語る作品であり、しかも日本軍人がラブストーリーの主役として美しく描かれているのだ。日本軍人を悪魔のように描く中国や韓国とは大きな違いである。

そしてもちろん『クーカム』のドラマや映画が大ヒットしているわけだから、タイ人の日本軍人に対する心象が悪いはずがなかろう。

1945年（昭和20）8月15日、善戦むなしく日本は大東亜戦争に敗れた。となればもちろん同盟国のタイも敗戦国となり、イギリス軍、オーストラリア軍、オランダ軍などがタイに進駐したのだった。

そして敗戦によって日泰攻守同盟条約も破棄されたが、このときのタイは持ち前の外交力を発揮する。

タイは、敗戦国として連合軍から処断されることを逃れるため、ただちに日泰同盟を破棄し、日本と結んだ協定をすべて無効とするなど、日本との関係を一旦御破算したのだ。我々日本人には裏切りのような行動に映るが、しかしタイが王室と独立を守るためにはそうするほかなく、彼らにとっては苦渋の選択だったのだろう。

連合軍は、敗戦国であったタイにも戦犯裁判を通告したが、タイは独自に裁判を行うとして、ピブン元首相ら十名を逮捕、抑留した。

だが翌年3月、タイの戦犯法廷は、「戦争犯罪人処理に関する法律」は無効であるとして、全員を釈放したというからその手法は見事であった。

しかしタイの人々は、異国で敗戦を迎えた日本軍人や在留邦人を励ましてくれたのである。

《街を歩く日本兵にバナナ売りの老婆が惜しげもなく商品のバナナを与え、交番の巡査が使役で疲れた日本兵にコーヒーや牛乳を馳走し、車夫は無料で乗れと勧める、という光景がいたるところで見られたという》（『世界に開かれた昭和の戦争記念館　第4巻　大東亜戦争その後』（名越二荒之助編／展転社）

そして戦時中のタイ駐屯軍司令官であった中村明人中将は、戦後の1955年（昭和30）に国賓待遇でタイ王国に招待され、群衆から大歓迎をうけている。こうした事実が、タイ人の日本軍人への好感情を雄弁に物語っていると同時に、日本軍がタイの人々に恨みを買うような事をしていなかったことを証明していよう。

1963年（昭和38）5月、今度はタイのプミポン国王御夫妻が来日した。このときプミポン国王は自ら靖國神社参拝を希望されたのだった。

ところが日本の外務省が難色を示したため、国王の名代として、中村明人元中将が靖國神社に代参することになったのである。

その翌月の6月4日、プミポン国王からの立派な生花が靖國神社に贈られ、中村中将を通してプミポン国王の鎮魂の誠が捧げられたのである。

後のタイ王国首相ククリット・プラモードは、当時自らが主幹を努めた『サイヤム・ラット』紙に、戦後、次のように書き記している。

《日本のおかげで、アジアの諸国はすべて独立した。日本というお母さんは、難産して母体をそこなったが、生まれた子供はすくすくと育っている。今日東南アジアの諸国民が、米英と対等に話ができるのは、一体誰のおかげであるのか。それは身を殺して仁をなした日本というお母さんがあったためである。この重大な思想を示してくれたお母さんが、一身を賭して重大決心をされた日である。われわれはこの日をわすれてはならない》(『世界に開かれた昭和の戦争記念館』第4巻)

プラモード首相がいう〝この日〟とは、昭和16年12月8日——大東亜戦争開戦の日のことである。

日泰攻守同盟条約——大東亜戦争の「定説」のウソを解く重要なカギの一つである。

真実3

驚異のマレー、蘭印電撃作戦の真実

～そして多くの日本軍人が独立戦争に参加した～

日本陸軍は機械化が遅れていたため、歩兵は徒歩で進撃し、弾薬および需品は馬で輸送していたため、その進撃速度は遅く、補給能力は著しく低かったという「定説」めいたものがある。

たしかにトラック輸送でなければ兵員を迅速に機動させることはできないし、また大量の弾薬や補給物資を送り届けることもできない。さらに言えば、攻める側が守る側の三倍以上の戦力をもって攻撃しなければ勝てないという〝攻守三倍の法則〟という戦術の定石を考えれば、なおのこと攻撃する側の自動車化は必要不可欠だったであろう。

だがドイツ軍や米軍のように、完全に自動車化されていなくとも電撃戦は可能だったのだ。それをマレー半島で日本軍が実証した。

戦後、日本陸軍の脆弱な輸送能力、兵站軽視、性能が劣る兵器などが一方的な批判にさらされているが、それでも日本陸軍はその輸送能力で、しかも敵兵力よりはるかに少ない戦力で、開戦劈頭に驚異の「電撃戦」を成功させたのである。

日本軍は、奇想天外な戦術を用い、そして〝目に見えない力〟を味方につけて戦ったのだった。

そこで本章では開戦劈頭の定石を覆した日本軍の二つの電撃戦を解析する。

《マレー・シンガポール攻略戦》

1941年（昭和16）12月8日、海南島から14隻の輸送船で海上機動した山下奉文中将率いる第25軍の第5師団および第18師団の本隊はタイ領南部のシンゴラとパタニに上陸し、侘美《たくみ》支隊が英領マレーのコタバルに上陸した。そして本隊はバンコク経由でやってきた近衛師団とともにマレー半島西海岸からシンガポール目指して南下したのである。

日本軍が、タイのシンゴラおよびパタニに上陸したのは、マレー半島を東西に分かつ中央山脈があったからである。半島の南シナ海側から上陸してマレーシアのインド洋側に進出するためには、比較的平坦な地形が続くタイ領を通過する必要があったのだ。

なるほど飛行機でマレー半島を横断すれば、標高2000m級の山々が連なり、この山脈が半島を東西に分断していることがわかる。これでは南シナ海側から上陸してマレー半島を攻略することは難しい。ところが、マレー半島の最も細い部分は平地が広がり、タイからマレーシア国境まで天然の障害は見当たらない。またタイ領からマレーシア国境までの最短距離は50キロ程度であることからも、シンゴラおよびパタニは最適の上陸ポイントであったことがおわかりいただけよう。

「マレー作戦」概要図

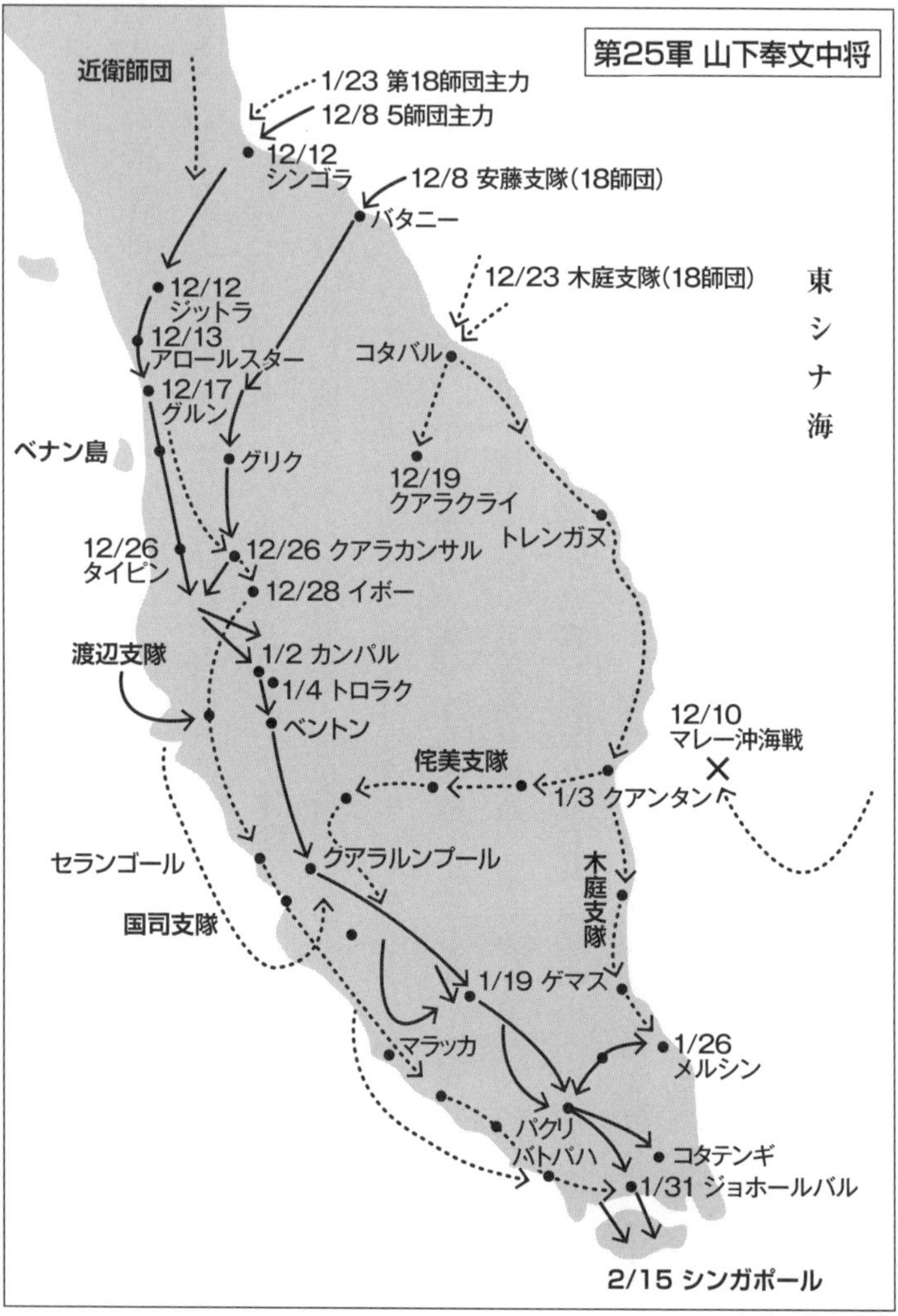
第25軍 山下奉文中将
近衛師団
1/23 第18師団主力
12/8 5師団主力
12/12 シンゴラ
12/8 安藤支隊(18師団)
バタニー
12/23 木庭支隊(18師団)
東シナ海
12/12 ジットラ
12/13 アロールスター
12/17 グルン
コタバル
ベナン島
グリク
12/19 クアラクライ
トレンガヌ
12/26 タイピン
12/26 クアラカンサル
12/28 イポー
渡辺支隊
1/2 カンパル
1/4 トロラク
ベントン
12/10 マレー沖海戦
侘美支隊
1/3 クアンタン
セランゴール
クアラルンプール
木庭支隊
国司支隊
1/19 ゲマス
マラッカ
1/26 メルシン
パクリ
バトパハ
コタテンギ
1/31 ジョホールバル
2/15 シンガポール

参考／戦史叢書

日本が英米に対して宣戦布告したのち、日本とタイ王国は、平和進駐協定を締結し、これによって日本軍は合法的にタイ国内を通過できたのである。

その意味において、前章で紹介した日泰攻守同盟条約の意義は極めて大きかったのだ。

最終的な戦略目標は、英軍の牙城シンガポール。

そのためマレー半島に上陸した日本軍は猛スピードで南北約1100キロを一気に南下しなければならなかった。英軍に防御を固めさせる時間を与えてはならなかったからだ。

そこで陸軍は、機動力の高い戦車部隊を投入した。

日本軍は、九七式中戦車および九五式軽戦車を先頭にシンガポールめざして進撃したのである。

そしてもう一つ、マレー電撃戦の功労者が〝自転車〟であった。日本軍は、歩兵を自転車で進撃させるという〝銀輪部隊〟を編成してマレー半島を一気に南下していったのだった。

日本軍の進撃速度は凄まじく、英軍陣地を次々と突破していった。そんな日本軍の勇姿に地元民は感激し、そして拍手を送り喝采した。

マレー電撃作戦にはこんなエピソードがある。

歩兵第5連隊長・岩畔豪雄《いわぐろひでお》大佐がこう述懐している。

《パンクは、ゴムの木から取った生ゴム液を、ゴム片に塗り、蝋燭《ろうそく》の火で暖めれば簡単に修理できることが、ささやかな発明家によって考案されると、その日のうちに隊内に普及していった。そして性能のわるい自転車に乗っている者は、マレーの村に行って新しい車（自転車）と交換した。

マレー人は、わが軍に対し、いつも非常に協力的だったので、自分の自転車を無条件で交換してくれたばかりでなく、華僑の家に案内して、かくしている新しい車（自転車）を見つけてくれさえした。そのおかげで、銀輪部隊の自転車は、一日一日と新しくなり、落伍者がほとんど出ないようになった》（岩畔豪雄著『シンガポール総攻撃』光人社NF文庫）

とにかく地元マレー人の日本軍に対する協力は日本兵も驚くほどだったという。

またこんなエピソードもある。

《ある者はバナナの葉につつんだナシ・ゴレン（マレイ風焼飯）とココナッツ・ヤシの果水を差し出し、ある者は南方のさまざまな果物を大きな籠に盛ってささげ、若者たちは先を争うようにして日本軍の弾薬箱を担ぎ運び、泥道で走行不能となったトラックを押し、ジャングルの獣道《けものみち》をたどる近道を先頭になって案内をひきうけた。日本軍将兵はとまどい驚いたが、やがてマレイ人の歓迎と協力の真摯《しんし》な態度を知り、戦塵で荒《すさ》んでいた気分をなごませ、感動し感激した》（土生良樹著『神本利男とマレーのハリマオ』展転社）

英国の過酷な植民地支配に苦しむマレー人にとって、その英国を蹴散らしてゆく日本軍は救世主に思えたことは想像に難くない。

実はこの地に伝わる神話が日本軍に味方したのであった。「ジョヨボヨの予言」である。

この予言にはこうある。

《北方の黄色い人たちが、いつかこの地へ来て、悪魔にもひとしい白い支配者を追い払い、ジャゴン（とうもろこし）の花が散って実が育つ短い期間、この地を白い悪魔にかわって支配する。だが、やがて黄色い人たちは北へ帰り、とうもろこしの実が枯れるころ、正義の女神に祝福される平和な繁栄の世の中が完成する》（『神本利男とマレーのハリマオ』）

〝黄色い人〟とは日本人、悪魔にもひとしい〝白い支配者〟とは英国人を指しているのだ。マレー人は、その神話の通り白い支配者を打ち倒してゆく北方からやってきた黄色い日本軍を、神話の〝神〟として歓迎したのだった。

マレー電撃作戦は地元の神話が〝援軍〟となり電撃戦を助けたのである。

マレー電撃作戦では、英軍は南北1100㎞に架かる250もの橋梁を次々と爆破しながら南部へ撤退した。そして日本軍工兵隊は、破壊された橋梁を次々と修復し、あるいは橋を架けて英軍を追撃したのだった。まるで障害物競走の様相であったが、日本軍の突進スピードはすさまじく、1942年(昭和17)1月31日の夕刻、ついにマレー半島南端のジョホール・バルに到達したのである。

山下中将率いる陸軍第25軍が、1100㎞のマレー半島を縦断するのに要した日数はわずか55日。そして驚くべきは、3万5000人の日本の陸軍部隊が、その2倍以上の約8万8000人の英軍を討ち破ったことである。

日本軍の進撃速度は1日平均約20㎞/時で、両軍の交戦回数は95回、一日平均約2回の戦闘を行った計算となる。そしてこの戦闘で日本軍は、英軍に2万5000人の損害を与え、5個旅団を壊滅せしめたのだった。一方、日本軍の被害は、戦死1793人、戦傷2772人でしかなかったのである。

日本軍の完全勝利だった。

そしてこのマレー電撃作戦の成功を助けたのは、英軍の中のインド人兵士だったことも忘れてはならない。

この史実も日本の学校教育ではまったく教えられておらず、ほとんどの日本人は知らないといっても過言ではないだろう。歴史から完全に抹殺されてしまったのである。

実はこのマレー半島攻略作戦に際し、日本軍は他に類例のない情報工作戦を仕掛けたのだった。

それは、藤原岩市少佐を長とする特務機関「F機関」が、英軍の7割を占めるインド兵に投降を呼びかけ、彼らをインド独立のために立ち上がらせるというとてつもない工作戦だったのだ。

開戦後まもなくマレー半島北端アロールスター近郊のゴム園に大勢のインド兵が潜んでいるとの情報を得た藤原少佐は、武器も持たず丸腰で現場に急行した。そして藤原少佐はインド兵に日本の戦争目的と大東亜戦争の大義を説き、共に手を取り合ってインド独立のために戦おうと呼びかけたのである。

藤原少佐の言葉に心を揺さぶられ、投降してきたインド兵の中にモン・シン大尉がいた。二人はたちまち意気投合し、インド独立のために手を取り合って戦うことを誓い合ったのである。こうして英軍内のインド兵がドミノ現象のように次々と寝返ってゆきその数は約

5万人にふくれあがっていった。

これは英軍にとって大きな痛手となった。

いうまでもないが、インド人兵士の日本軍への投降によって、英軍戦力は急速に低下してゆき、それはすなわち日本軍の進撃速度を高める結果となったのである。

シンガポール占領後、藤原少佐はファラ・パーク競技場に集められたインド兵俘虜を前に演説をぶった。

「日本の戦争目的は、一に東亜民族の解放にあり、日本はインドの独立達成を願望し、誠意ある援助を行う。ただし、日本はいっさいの野心ないことを誓う。インド国民軍、インド独立連盟の活動に敬意を表し、日本はインド兵を友愛の念をもって遇する。もし国民軍に参加したい者があれば、日本軍は俘虜の取り扱いを停止し、運動の自由を認め、いっさいの援助を行う」

かくしてインド兵約5万人が日本軍の〝友軍〟となったのである。

「インド国民軍」(ＩＮＡ＝Indian National Army)がシンガポールで誕生した。

その後、藤原少佐は次の任務のために転出し、さらに悪いことにモン・シン大尉もインド国民軍最高司令官の職を罷免されてしまったのだ。しかしその後を継いだのが、亡命先のドイツから戻ってきたあのチャンドラ・ボースだった。

ドイツで、インド国民軍と同様の組織を作ろうとしたチャンドラ・ボースは、通訳将校の国塚一乗中尉に聞いた。

「どうか教えてほしい。私がドイツでできなかったことを、どうして君たち日本人がいとも簡単にできたのか?」

国塚氏はそのときのボースへの回答を、私に胸を張ってこう話してくれた。

「我々は同じアジア人です。我々は共通の文化を持つ上に、藤原少佐が真心を持ってインド兵捕虜に接したからです。今度も、日本軍は真心を持ってインド国民軍と協力すれば、必ずやインドの独立は勝ち取れます」

チャンドラ・ボースは、日本軍と共にイギリスと戦ってインドの独立を勝ち取ろうと固く心に誓い、インド国民軍の兵士達を鼓舞し激励した。

そうしてインド国民軍は、日本軍とともにマレー半島を北上し、アラカン山脈を越えてビルマからインドの首都デリーを目指して進撃したのである。その途上で戦われたのが「インパール作戦」だった。

これは1944年（昭和19）3月から開始された、日本軍3個師団の合計7万8千人とインド国民軍約1万5千人の日印連合軍による一大作戦だったのである。

戦後、日本では補給なき戦いとして酷評に晒されてきたインパール作戦だが、この作戦の本質は、日印連合軍による〝対英インド独立戦争〟であり、インドではいまも語り継がれていることを忘れてはならない。

元インド国民軍S・S・ヤダバ大尉はこう語っている。

《インドの独立には国民軍の国への忠誠心が大きな影響を与えました。しかし我々国民軍を助けてくれたのは日本軍でした。インパールの戦争で6万の日本兵士が我々のために犠牲となってくれたのです。我々インド人は子々孫々までこの日本軍の献身的行為を決して忘れてはいけないし、感謝しなければならないのです》(『自由アジアの栄光』日本会議事業センター)

大東亜戦争後の1945年(昭和20)11月、大英帝国はインパール作戦に参加した3名のインド国民軍の将校をレッド・フォートにおいて裁判に掛け、反逆罪として極刑に処そうとした。ところがこの事実が人々に伝わるや、インド民衆が一斉に蜂起して大暴動に発展したのである。その結果、もはや事態収拾が不可能と判断した大英帝国はついにインドに統治権を返還したのだった。

1947年8月15日、インドは独立を勝ち取ったのである。

もしや日本軍がマレー電撃作戦で、寝返り工作を行ってインド兵を味方につけていなかったら、最終的にインドの独立はなかったであろう。その意味においてマレー電撃作戦の意義は大きく、世界の歴史を変えた極めて重要な戦いだったと言っていいだろう。

そしてシンガポール攻略戦の成功は、山下奉文中将の〝大博打〟にあったことも記しておきたい。

マレー半島を一気に南下して半島南端のジョホール・バルに到着した日本軍は、幅1㎞の水道の向こうにあるシンガポールに王手をかけた。ところが実はこの時点での日本軍の弾薬・食糧は、底を尽きかけていたのである。

そこで山下中将は、このことを敵に悟られないよう、部下の進言を退けて大きな賭けに出たのだった。山下中将は日本軍の弾薬に余裕があるように見せかけるため、あえてありったけの砲弾をシンガポールの敵陣地へ叩き込んだのである。

後に山下中将はこう記している。

《わたしのシンガポール砲撃はハッタリ——うまく的中したハッタリであった。わが軍の兵力は三万で、敵の三分の一以下であった。シンガポール攻略に手まどれば日本軍の負けであることはよく判っていた。》（ジョーン・D・ポッター著・江崎伸夫訳『マレーの虎　山下奉文の生涯』恒文社）

この大博打は大当たりし、在シンガポールの英軍最高指揮官アーサー・パーシバル中将は、日本軍は英軍よりも砲・弾薬を豊富に保有しているものと思い込んでしまったのだ。1942年（昭和17）2月8日夜半、ついに日本軍上陸部隊は、ジョホール水道の渡河作戦を開始して激しい戦闘の末にシンガポール島に上陸した。

さてこれからシンガポール市内への突入となるのだが、市街戦となれば日英両軍はもとより、その巻き添えとなって大勢の市民にも犠牲者が出る。だから山下中将はこれをどうしても避けたかった。

そこで山下中将は英軍パーシバル中将への降伏勧告を英軍司令部へ上空から投下した。だがパーシバル中将はこれを拒否、やむを得ず山下中将はシンガポール市内をめざして進撃したのである。

そして迎えた2月15日、ついに英軍の軍使が白旗を掲げてやってきたのだ。

「イエスかノーか！」、山下中将は、会見場となったフォード工場で、パーシバル中将に無条件降伏を迫り、彼はその勧告を受け入れた。

かくして難攻不落の要塞シンガポールは陥落した。

大東亜戦争開戦劈頭のマレー電撃作戦の成功とシンガポール攻略は、他に類例をみない助っ人の〝支援〟を受け、わずか3万5000人の日本陸軍が、その倍以上の英軍を討ち破ることができたのである。

《蘭印攻略戦》

そしてもう一つの電撃戦は、蘭印《らんいん》攻略戦だ。

蘭印――オランダ領東インド、現在のインドネシア共和国のことである。

オランダによる350年もの長い植民地支配を経験したインドネシアにとって、大東亜戦争はこれまでのすべての価値が一変する一大転機だった。

実のところ、蘭印は大東亜戦争における最重要戦略目標だったのである。

アメリカが主導したいわゆるABCD包囲網（米英中蘭）なる対日経済封鎖によって、アメリカから輸入していた原油や工業資源が入手できなくなった日本は、国家存亡をかけて南方資源の確保に乗り出さざるを得なかったのだ。

当時の日本の石油消費量は、軍民合わせて年間約3700万バレルで、その約8割をアメリカから輸入していた。したがって対日経済制裁が続けば、日本は立ち行かなくなることは、誰の目にも明らかだった。アメリカが日本を戦争への道に引きずり込んだと考える理由の一つはここにある。

こうして日本は自存自衛のために、当時オランダの植民地だったインドネシアの大油田地帯を制圧するという大勝負に打って出たのだ。大東亜戦争開戦にあたって最も重要な戦いはこの蘭印攻略戦であり、真珠湾攻撃、フィリピン攻略作戦、マレー攻略作戦はその前哨戦だったのである。

戦後、このことを「日本軍による資源の収奪だ」として日本軍を非難する声があるが、誤解を恐れずに言えば、そもそも当時の蘭印の石油資源は宗主国オランダのものであり、さらに米英など、アジア支配を推し進める欧米列強諸国によって搾取されていたのである。したがって地元民は、欧米列強に独占されていた資源を日本軍に搾取・収奪されたという感覚は持たなかったという。

蘭印には当時アジア最大の油田地帯があった。中でもスマトラ島で産出される石油は蘭印産石油の6割を占め、その最大の油田がパレンバン製油所だった。

そこで日本軍は、陸軍の空挺部隊を投入してこの製油所を無傷で制圧する電撃作戦を立てた。それは、オランダ軍にパレンバンの製油施設を破壊する暇を与えないようにするためだった。

エアボーン（Airborn）〝空挺作戦〟といえば、第二次世界大戦緒戦のドイツ軍によるデンマーク、ベルギー、クレタ島への奇襲攻撃、さらに連合軍によるノルマンディー上陸作戦における大規模な作戦が有名だ。しかしながら蘭印攻略戦におけるこのパレンバン空挺作戦と海軍落下傘部隊によるメナド空挺作戦は、少人数によるピンポイント攻撃で成功させた作戦として世界戦史に燦然《さんぜん》と輝いている。

１９４２年（昭和17）2月14日、日本の運命をかけたこの空挺作戦を一手に引き受けたのは、久米精一大佐率いる陸軍第1挺進団３２９人だった。

大東亜戦争の勝敗はこの一戦にかかっていた。もしもこの作戦が失敗すれば、軍艦も飛行機も戦車も動かすことはできなくなる。ゆえに失敗は許されなかったのである。

2月14日、久米大佐率いる第1挺進団の３２９人は輸送機に分乗し、マレー半島の航空基地からスマトラ島を目指した。

甲村武雄少佐率いる降下部隊は製油所近くの飛行場制圧を担任し、中尾中尉率いる降下部隊はパレンバン製油所を強襲することになっていた。そこにはアメリカのNKPM社とイギリス・オランダ資本のBPM社があり、日本軍の手に渡らぬよう敵が自ら破壊する前にこれらの製油所を無傷で奪取する計画だった。

午前11時過ぎ、空挺隊員たちは輸送機から目標めがけて落下傘降下を開始した。

この時、製油所を守備していた敵兵力は、英蘭豪合わせて1000人。彼らの抵抗は凄まじかった。だが各隊は割り当てられた目標を次々と制圧し、こうして第一挺進団は、増援部隊とともにパレンバンを占領したのである。

わずか329人の兵士らが国家存亡にかかわる戦略目標を確保したのだ。そしてこの戦いで第一挺進団は戦死38人、戦傷50人という尊い犠牲を出したことも付記しておきたい。

この陸軍第一挺進団によるパレンバン空挺作戦のおよそ一カ月前の1月11日、海軍の堀内豊秋大佐率いる横須賀第1特別陸戦隊がセレベス島メナドへ空挺作戦を敢行していた。

蘭印攻略戦の口火を切ったのは、実はこの海軍落下傘部隊によるランゴアン飛行場への空挺作戦だったのである。そしてこれが日本軍最初の空挺作戦でもあった。

1942年（昭和17）1月11日、九六式陸上攻撃機28機に分乗した堀内大佐率いる海軍落下傘部隊334名は、フィリピンのダバオから蘭印のセレベス島へ向かった。ところがその途中、１機が故障で引き返し、そして５番機があろうことか味方水上戦闘機の誤認によって撃墜されてしまったのである。その理由は、この空挺作戦が軍内部でも秘匿されていたため、友軍の水上機が敵機と思い込んで攻撃してしまったのだった。その結果、海軍空挺部隊は３１２人で敵地に降下することになったのである。

落下傘降下する第１特別陸戦隊に対し、地上のオランダ軍は機関銃や小銃で応戦してきた。

敵の対空射撃をかわして着地した空挺隊員達は、別の落下傘で降下させた梱包を見つけて武器を取り出さねばならず、その間彼らは拳銃と手榴弾だけで機関銃や装甲車を持つ敵と戦わねばならなかったのだ。

かつて横須賀第１特別陸戦隊の石井璋明《しょうめい》一等兵曹は、その時の生々しい戦闘の様子を話してくれた。

「いや、それは物凄い攻撃でした。とにかく頭を上げられませんでした。が、私が降下した場所は草が全体に45センチほどに伸びていたんです。これは、身を隠すためには好都合でした。ところが敵状を見るには姿勢を高くせねばならず、そうすると敵に発見されやすくなって危険でした。実際に、戦友が私の３メートルほどのところで敵情を見ようとして膝立ちした途端に敵の狙撃を受けて『うっー』という微かな声を遺して倒れたのです。……こうして私の傍で戦友がやられた。それを私は目の当たりにしたわけですが、その直後から、それまで多少感じていた恐怖心が一気に吹き飛んで、猛然と敵に挑んでいったのを覚えています。『よし！　かたきを取ってやるからな！』、まさに〝仇討〟の心境だったと思います。その直後に、誰かが擲弾筒を敵陣地に5、6発撃ち込むと敵が敗走をはじめました」

こうして海軍落下傘部隊はランゴンワン飛行場を奪取したのである。

この作戦で、第1特別陸戦隊は戦死者32人（うち12人は友軍機の誤射撃墜による）、戦傷者32人を出したが、セレベス島のオランダ軍は約3万5千人であり、日本海軍落下傘部隊312人の実に100倍もの戦力だったのだ。

つまり、パレンバン空挺作戦も、またこのメナド空挺作戦も、日本軍空挺部隊は圧倒的劣勢にありながら、はるかに優勢なる敵を打ち負かしていたのである。

陸海軍空挺部隊は「空の神兵」と呼ばれ、その名は「見よ落下傘　空を征《ゆ》く」の詞で知られる『空の神兵』（作詩　梅本三郎　作曲　高木東六　昭和17年）の曲と共に全国に知れ渡ったのだった。

実は、こうした日本軍落下傘部隊の作戦成功を助けたのは、またしてもあの〝神話〟だった。

海軍落下傘部隊が空挺降下したミナハサ地方には、〝わが民族が危機に瀕するとき、空から白馬の天使が舞い降りて助けにきてくれる〟という神話が語り継がれていたのだ。

これまた「ジョヨボヨの予言」だという。前述したマレー半島に伝わるそれと多少内容の違いはあるが、地元の人々を苦しめてきた支配者を打ち負かしてくれる解放者が現れるシナリオは同じで、その支配者は白人で、地元の人々を救うためにやってきた神が日本人に重ねられたのだった。

このインドネシアに伝わる「ジョヨボヨの予言」については、この地で戦った杉田勘三元海軍中尉から非常に興味深い写真を見せてもらった。

その写真とは、ジョヨボヨの予言を表現した地元の民族舞踊だった。その写真には、鳥の羽根のような白い衣装をまとった天使と、その背後には赤く丸い太陽が写っていた。まさしくそれは、白い落下傘で降下する空挺隊員と日の丸を連想させるものだった。地元の人々は、この民族舞踊のように空から舞い降りてくる落下傘部隊を、神話に登場する救世主の到来とみて日本軍将兵を大歓迎してくれたのである。

だがそれだけではなかった。日本軍人の地元インドネシア民衆に対する姿勢が彼らに感動を与え、そして絶大なる信頼を勝ち取ったことも忘れてはならない。

堀内大佐は、常に地元民の話に耳を傾け、これまでの350年にわたるオランダ植民地支配で苦しんできたことを次々と改善していったという。

そして堀内大佐は、捕虜となった蘭印軍のインドネシア兵650人をただちに釈放し、オランダ軍捕虜に対しても武士道精神で接したのである。そんな堀内大佐の評判はたちまち人々の間に広がり、日本軍への信頼の度を高めていったのだった。

空から落下傘部隊を降下させ、海から陸海軍の精鋭部隊を送り込んだ日本軍は蘭印支配の中心だったジャワ島に迫った。

そうした中、1942年（昭和17）2月27日に生起したスラバヤ沖海戦、これに続くバタビア沖海戦で、日本艦隊はABDA艦隊（米英蘭豪連合艦隊）を討ち破り、この海域の制海権を握った。

そして迎えた3月1日、今村均中将率いる陸軍第16軍がジャワ島に上陸を開始したのである。

ジャワ攻略部隊の日本軍は約5万5千人。迎え撃つ蘭印軍はこれを上回る6万5千人を擁し、加えて米英豪軍1万6千人の総勢8万1千人であった。

第2師団は、バンタム湾、カポ岬およびメラクに上陸後、ただちに進撃を開始して5日後の3月5日にはバタビア（現首都ジャカルタ）を占領した。

そして第38師団の東海林《しょうじ》支隊は、ジャワ島中西部のエレタンに上陸した3月1日のうちに要衝カリジャチ飛行場を奪取し、3月7日にはバンドン要塞を陥落させた。

またジャワ島東部のクラガンには、第48師団および坂口支隊が上陸し、第48師団は東進して3月8日に東部の要衝スラバヤを占領した。

同時に坂口支隊は、４００キロの長距離をトラックで南西方面に機動して蘭印軍陣地を次々と撃破していったのである。

このように、各地に上陸した日本軍各部隊は、次々と敵を撃破して、上陸からわずか9日目の3月9日に蘭印軍を降伏させたのだった。

驚くべき速度の電撃戦である。

注目すべきは、マレー・シンガポール攻略作戦とジャワ攻略作戦では、攻撃する側が守る側の3倍の戦力をもってしなければ勝てないとする「攻守三倍の法則」をまったく無視して大勝利を収めたことであろう。しかも進撃速度があまりにも早かったため、そのことによって敵軍が日本軍の戦力を過大評価してしまい降伏に追い込まれたケースもあったという。

ジャワ島のカリジャチ飛行場を制圧した若松挺身隊700人が、蘭印軍本拠地のバンドン要塞を攻撃するや、たちまち蘭印軍が大混乱に陥って3万5千人もの連合軍兵士を率いる蘭印軍バンドン地区の最高指揮官ペスマン少将が降伏したのである。

わずか700人の日本軍部隊に、その50倍もの連合軍があっけなく降伏してしまったわけだ。

その理由は、若松挺身隊があまりにも早くバンドン要塞に迫ったからだった。なんとペスマン少将は、この若松挺身隊の背後には日本軍の大部隊が控えているに違いないと勝手に思い込んでしまったというのだ。

このように日本軍は、敵の勘違いを誘う戦術で、各地で勝利していった。

ジャワ島東部の要衝スラバヤ攻略戦に参加した第48師団隷下の戦車第4連隊第3中隊第1小隊長・岩田義泰中尉（当時、終戦時は少佐）はこんな話を私にしてくれた。

岩田中尉は、部隊の先陣をきって威力偵察を行なう尖兵部隊長として戦車6両を率いてスラバヤを目指したときのことだった。

岩田氏はいう。

「蘭印軍の兵器はアメリカ製で、将校はオランダ兵。下士官はハーフで、兵隊は現地のインドネシア人が多かったんです。ところが地元の兵隊は、嫌々戦っていたのはみえみえでした。我々ととことん戦わないんですよ。それに地元の人々は我々を大歓迎してくれました。それには、こんな理由もあったんです。〝インドネシアが困ったときには、北の優秀な民族が応援に駆けつけてきてくれて治めてくれる〟といったような伝説が残っていたんです」

やはり、ここでも「ジョヨボヨの予言」が、ジャワ島に上陸した日本軍に味方していたのだ。こうして地元民に熱烈大歓迎されてスラバヤに到着した岩田戦車小隊は、ウオノコロモ川の手前で進撃中止を余儀なくされたのだった。

岩田氏は続けた。

「我々はやっと川の手前までやってきましたが、700m向こうは敵ばかりでした。そこでスラバヤに突入する準備をしようとしていたところ、司令部から、3月9日を期して総攻撃をやるから貴隊は前進を停止せよという命令がきたのです。3月6日のことでした。それから今度は『戻ってこい』という命令がきたのです。最初は軍司令官からお褒めの言葉を頂いていたのに、こんどは、『行くな』というわけですからね。戦後、連隊長は、我々にどんな命令を出したらよいのか困ったということを言っておられました」

そこで岩田中尉はある奇策を思いついた。それは、わずか6両の戦車小隊を〝大部隊〟に見せかける欺瞞戦術だった。

岩田氏は笑顔でこう語ってくれた。

「戦後聞いた話ですが、オランダ軍は、『こんなに早く日本軍がスラバヤに来るはずがないのに、川の向こう側に日本軍の大戦車部隊がやって来た。この調子だともうもたない』と大混乱していたというんです。

実はこれ、私が、楠正成の〝千早城の戦法〟から思いついた戦術だったんですよ。わずかの数量の戦車を大部隊に見せるために、夜になって暗くなったら戦車をあちこちに移動させて、そこここでエンジンを全開させ、そこで主砲を撃ったり、わざとドラム缶を機関銃で撃ったりして、とにかく音を立てて〝大部隊〟にみせかけたわけです。この作戦は大成功でした。

スラバヤを陥落させた後は、掃討作戦となったのですが、最初敵は軽く抵抗しますが、すぐに手をあげてきました。そして次々と占領してゆく町々で地元民から大歓迎を受けたのです」

オランダ軍は、見事に岩田中尉の欺瞞作戦にひっかかったのだ。

3月7日、オランダ軍東部兵団司令官イルヘン少将が降服し要衝スラバヤは陥落した。そして迎えた3月9日、カリジャチ飛行場内で、第16軍司令官・今村均中将と蘭印軍総司令官ハイン・テル・ポールテン中将との会見が行われ、蘭印軍は日本軍に全面降伏したのだった。

日本軍の蘭印侵攻作戦の最大の目的は、ABCD包囲網によって手に入れることができなくなった石油や工業資源確保であり、すなわち日本の国家存亡をかけた戦いであった。そして同時にこの戦いは、350年にもおよぶオランダの植民地支配を終焉させ、後にインドネシアの独立を招来させたのでもあった。

インドネシア人にとって日本軍が、それまで彼らを奴隷として扱い富を収奪してきたオランダを撃ち破ったことはたいへん喜ばしい出来事だったのである。日本軍の勝利には、こうした歴史的背景と地元に伝わる神話が味方し、さらに今村均中将の素晴らしい軍政がインドネシア人の対日感情に大きく影響していることを忘れてはならない。

真実4

ガダルカナルは玉砕戦だけではなかった

～海軍の勝利と1万人以上の大撤退作戦～

「餓島《がとう》」と呼ばれたガダルカナル島――この島を巡る争奪戦で、日本軍は初めて地上戦で米軍に敗れた。

日本軍将兵3万6千人のうち2万2千人が斃《たお》れたのである。だがその内の約1万5千人は、戦病死と食糧不足による餓死であったことから、この島に「餓島」の文字が充てられたのだった。

それゆえに日本人にとってこの島の名前は重く、特別な響きをもっている。もっと言えば、大東亜戦争における〝悲劇の象徴〟であり、軍部の作戦遂行上の〝失敗の象徴〟、さらには日本軍の〝敗北の象徴〟として語り継がれてきた。

もちろんガダルカナルで甚大な損害を出したのは間違いない。だが果たしてそれだけだったのか。

日本軍は、圧倒的物量を誇る米軍に一方的にやられっぱなしで、全滅させられたのだろうか。そして現地島民は日本軍将兵の戦いをどのように見ていたのだろうか。

この戦いを細部まで丁寧に掘り下げてみると、これまで信じ込まされてきた「定説」が正しいとは言えないことがわかる。多少専門的になるがしばしお付き合いいただきたい。

ガダルカナル島は、大小1000の島から成る英連邦に属す独立国家「ソロモン諸島」（総人口約54万人）の中心で、この島には同国の首都ホニアラがある。このソロモン諸島という国名は、あまり馴染がないかもしれないが、〝ガダルカナル島〟のその名は飛び抜けて知名度が高く、また〝大東亜戦争の悲劇の象徴の島〟として広く知られている。この島の面積は5336平方キロで愛知県（5172平方キロ）ほどの大きさがあり、現在約6万5千人が暮らしている。

島内には、日本の戦没者慰霊碑がいたるところに建立されており、ガダルカナル島そのものが日本軍将兵の墓地であり慰霊碑であるといってもいいだろう。

とにかく島の空の玄関となるホニアラ国際空港そのものが最大の戦跡の一つなだ。

この空港は、もとは日本軍によって設営された「ルンガ飛行場」であり、米軍に奪取されて「ヘンダーソン飛行場」となったが、この飛行場を巡る争奪戦のために陸軍部隊が次々と送り込まれたのだった。つまりこの飛行場がガダルカナル攻防戦の焦点だったのである。

激戦地アウステン山には、「日本平和慰霊公苑」があり、その中にソロモン諸島最大の戦没者慰霊碑が建つ。かつてこの場所には米軍の砲兵陣地があって海岸線から遠くを見渡せる要衝だった。

アウステン山の北西にはギフ高地がある。

ギフ高地——ガダルカナル島を巡る攻防戦の激戦地であり、日本軍は「丸山」と呼んでいたが、米軍はこの地に布陣しているのが岐阜からやってきた部隊だと判断して「Gifu Ridge」と呼んだ。

見晴らしのよい高台の頂上には「岡部隊奮戦の地」と書かれた円柱型の慰霊碑が建つ。

岡部隊とは、川口支隊の隷下部隊としてエスペランス岬に上陸した岡明之助大佐率いる福岡の歩兵第124連隊（通称「菊部隊」）のことで、その勇猛な戦いぶりは広く知られており、アウステン山で押し寄せる米軍を敢然と迎え撃ち敵に大損害を与えつつも善戦空しく玉砕したのであった。

1943年（昭和18）1月の撤退命令がこれらの部隊に届かず、1月23日に総攻撃を行なって85名が玉砕し、帰還したのは2名だけだ。

この高台は意外にも草原となっており、日本軍が名付けた見晴台や米軍が上陸してきた海岸線、日本軍第2師団および第38師団が上陸したタサファロング海岸、そして日本軍が撤退したエスペランス岬を一望できる戦略要衝だったのだ。

この台地には、いまも日本軍将兵が掘ったタコツボ陣地がいくつもあり、周囲には薬きょうや炸裂した砲弾の破片が散らばっており、ガダルカナル攻防戦がつい昨日の出来事のように思えてくる。

開戦劈頭から快進撃を続けた日本軍は、アメリカとオーストラリアの連携を阻止するため、その交通路を遮断すべくフィジー・サモアへの攻略作戦（FS作戦）とニューギニアのポートモレスビー攻略作戦（MO作戦）を計画した。ところがミッドウェー作戦（MI作戦）で空母4隻を失う大損害を被りFS作戦が中止されたのだった。

しかし1943年（昭和18）7月6日に海軍設営隊がソロモン諸島ガダルカナル島に上陸してルンガ飛行場の建設を始めた。これが現在のホニアラ国際空港で、前述したとおり、この飛行場の争奪戦がガダルカナル攻防戦の主目的だったのである。そして米軍占領の後は、ルンガ飛行場はヘンダーソン飛行場となり、この空域でラバウルから飛来してくる零戦および一式陸上攻撃機と米軍のF4Fワイルドキャットなどとの激しい空中戦が連日繰り広げられたのだった。

日本軍のルンガ飛行場が間もなく完成するとみるや、米軍はこの飛行場を奪取すべく8月7日に第1海兵師団約1万1千人をテナル川東岸へ上陸させた。これに対し3000人に満たない海軍の設営隊と250人程度の海軍陸戦隊ではいかんともしがたいものがあった。

この米軍上陸の報を受け、ラバウル基地から海軍中攻隊がただちに出撃して攻撃をかけた。

そして8月9日夜、ガダルカナル沖のサボ島付近で三川軍一中将率いる第8艦隊が米英豪艦隊と激突した。「第一次ソロモン海戦」である。

第8艦隊は、米重巡「ヴィンセンス」をはじめ重巡洋艦4隻と駆逐艦1隻を撃沈し、米重巡「シカゴ」および米駆逐艦1隻を大破せしめ、米駆逐艦1隻を中破させたのだった。日本艦隊の損害は、重巡「加古」が沈没し、重巡「鳥海」が小破した。

日本海軍の大勝利であった。

戦後、アメリカの歴史学者サミュエル・エリオット・モリソン氏は、この第一次ソロモン海戦のことを米海軍作戦史に次のように記している。

「これこそ、アメリカ海軍がかつて被った最悪の敗北のひとつである。連合軍にとってガダルカナル上陸の美酒は一夜にして敗北の苦杯へと変わった」

ところが第8艦隊は翌朝の敵機の反撃を回避するためガダルカナル島沖合に停泊する敵

輸送船団の攻撃を中止してしまったのである。

歴史にイフは禁物だが、もしや第8艦隊が、敵輸送船団を攻撃していたら爾後の地上戦闘の経過は大きく変わっていたかもしれない。


日本軍のガダルカナル奪還作戦は一木支隊によって始まった。

8月18日、有賀幸作大佐（のちの戦艦「大和」艦長）率いる駆逐艦6隻からなる第4駆逐隊が一木清直大佐率いる「一木支隊」の陸軍歩兵部隊916人をガダルカナル島に送り込んだ。闇夜に乗じて一木支隊はタイボ岬に上陸し、同隊は米軍に占領されたルンガ飛行場目指して海岸線を西へと進撃を開始した。

だが8月19日深夜、敵情偵察の斥候部隊38人が米軍の待ち伏せ攻撃を受けて内33人が戦死した。これで日本軍が上陸したことを知った米軍は、イル川西岸に2個大隊と大砲を配置して一木支隊の来襲を待ち伏せしたのである。

8月21日深夜、一木支隊は3次にわたって突撃を敢行した。だが米軍の猛烈な弾幕射撃によって一木支隊は全滅した。一木支隊が壊滅した日の翌朝、イル川河口付近の砂州には数百もの日本軍将兵の遺体が累々と横たわっていたのだった。

日本軍は、ガダルカナル島の米軍を、実際の1万5000人よりはるかに少ない〝一個大隊程度〟(約2000人)と読み違えしていたことが敗因の一つであった。

一木支隊が全滅したアリゲータークリークと呼ばれるイル川河口付近は現在でも当時のままの状態で残っており、私は一木支隊の突撃を追体験すべく、一木支隊が突撃した砂浜を同じように駆けてみた。すると靴が砂にめり込んで思うように進めないことがわかった。砂に足を取られてしまうのだ。重い小銃を抱え、手榴弾と小銃弾を身に着けての夜間突撃はさぞや難儀だったことだろう。これは現地に立ってはじめてわかる感覚だった。

そしていま、一木大佐の遺品が見つかった場所には2メートル以上もある「一木支隊奮戦之地」と刻まれた立派な慰霊碑が建立されている。

ちなみに一木支隊の慰霊碑は、同隊が上陸したタイボ岬付近のテナル教会脇にも建立されており、いずれもが地元の人々によってきれいに整備されている。これをもってガダルカナル島の人々の日本軍に対する思いを知ることができよう。

ガダルカナルに投入されたのは一木支隊だけではなかった。

一木支隊の上陸と並行して川口清健少将率いる川口支隊約4000人に加え、一木支隊の第二梯団、第2師団歩兵第4連隊を主力とする青葉支隊などの派遣が準備されていたのである。

ところがその矢先に米空母部隊が出現したという情報が飛び込んできたため、川口支隊のガダルカナル島上陸はしばし待機となった。

ガダルカナル島周辺の制空権を確保するためにはどうしても米空母部隊を討たねばならなかった。

そこで日本軍は、空母「翔鶴」「瑞鶴」「龍驤」を擁する第3艦隊（南雲忠一中将）および第2艦隊（近藤信竹中将）を差し向けた。

対する米軍は、空母3隻を擁する3個機動部隊だった。

1942年（昭和17）8月24日、ソロモン海域で再び日米両軍の空母機動部隊同士が激突し、「第二次ソロモン海戦」が生起した。そしてその結果、日本の空母艦載機が米空母「エンタープライズ」を大破させたが空母「龍驤」を失った。

こうしてようやく川口支隊は、駆逐艦と大型舟艇に分乗してガダルカナル島上陸を敢行した。本隊はタイボ岬周辺の海岸に逐次上陸し、舟艇で海上機動した岡大佐の部隊は途中で米軍機の攻撃を受けて大きな被害を出しながらも島北西端のカミンボの海岸に上陸した。

川口支隊は、一木支隊の壊滅を教訓として米軍の堅固な防御陣地への正面攻撃を避け、険しいジャングルの中を迂回して、イル川の上流からヘンダーソン飛行場を3方向から攻撃する作戦だった。ところが、険しいジャングルが重装備の部隊の進撃を阻み、部隊移動は困難を極めた。

9月12日にヘンダーソン飛行場へ総攻撃を行なったが、険しいジャングルのために集結が揃わずバラバラの攻撃となってしまったのだった。

しかも米軍の防御が手薄とみていた飛行場の背後にも、堅固な防御陣地が築かれていたのである。鉄条網が行く手を阻み、重砲弾と機関銃が川口支隊の将兵の接近を阻止したのだ。こうして川口支隊の総攻撃は失敗した。

ヘンダーソン飛行場奪還作戦を断念した川口支隊の将兵は、彼らの出発地点タイボ岬に米軍が上陸したという情報が飛び込んできたため、わずかな糧食をもって西方へと撤退していったのだった。

日本軍にとってガダルカナルは重要な戦略要衝だったが、一方、次々と艦艇を撃沈破された米軍にとってもガダルカナルの飛行場はどうしても守らねばならない要衝だったのである。

そこで日本軍はさらなる兵力投入を決断した。

10月3日、第2師団長・丸山政男中将がタサファロング海岸に上陸、9日には第17軍司令官・百武晴吉中将が上陸し、勇川《イサム》に軍司令部を置いた。

陸軍の増援部隊の上陸に合わせるように、10月11日、ヘンダーソン飛行場を艦砲射撃で破壊すべく出撃した第6戦隊司令官・五藤存知少将率いる重巡洋艦「青葉」「古鷹」「衣笠」、駆逐艦「吹雪」「初雪」が米艦隊と激突した。

「サボ島沖夜戦」である。

この海戦で日本艦隊は、駆逐艦「ダンカン」撃沈、巡洋艦「ボイス」、駆逐艦「ファーレンホルト」を大破させ、巡洋艦「ソルトレイクシティ」を小破させるなど米艦隊に大きな損害を与えた。だが日本側も重巡洋艦「古鷹」と駆逐艦「吹雪」を失い、重巡洋艦「青葉」が大破して五藤少将が戦死する損害を出したことから艦砲射撃を断念した。

海軍部隊の主戦場となったのは、ガダルカナル島北西海上に浮かぶサボ島の周辺海域で、そのほとんどが、夜間に北方よりガダルカナル島に侵入してくる日本艦隊とこれを迎え撃つ米艦隊の間で夜戦となった。

サボ島は、ガダルカナル島の海岸線からすぐ手の届きそうな距離に浮かぶ火山島で、島影に隠れれば艦影も見えずレーダーにも映らないため不利にも有利にもなった。そして幾度もの海戦が行われ、おびただしい数の日米両軍艦艇がその周辺海域に沈んでいることから「アイアンボトム・サウンド」(鉄底海峡)と呼ばれているのだ。

弾もなく糧食も底を尽き、飢餓との戦いに苦しんでいた日本軍将兵は、夜間、サボ島沖で繰り広げられる大海戦をどのような心境で見ていたのだろうか。友軍が海上でも必死で戦っている様子をながめながら、計り知れぬ勇気をもらっていたことであろう。

サボ島沖夜戦から2日後の10月13日23時36分、第3戦隊司令官・栗田健男少将率いる戦艦「金剛」「榛名」と護衛の軽巡洋艦「五十鈴」および駆逐艦9隻によるヘンダーソン飛行場への猛烈な艦砲射撃が行われた。

「金剛」「榛名」は、ヘンダーソン飛行場に1時間20分にわたってあらゆる砲弾を撃ち込んだ。この攻撃で飛行場は火の海と化し、駐機していた米軍機54機が破壊され、直撃弾を受けたガソリンタンクは大爆発を起こし、滑走路も穴だらけになったのである。

この夜間艦砲射撃に引き続き、翌朝にはラバウルから飛来した海軍航空隊による空襲が行われた。さらにその日の夜には重巡「鳥海」と「衣笠」が同飛行場への再度の艦砲射撃を実施した。

これで空からの脅威はなくなったと判断した第2師団は上陸を開始した。ところが物資揚陸中に米軍機の攻撃を受け、3隻の輸送船が沈没したほか、物資の多くを焼失してしまったのである。

米軍は、ヘンダーソン基地の他に予備の飛行場を設営していたのだった。

大きな損害を被りながらも上陸した第2師団は、〝血染めの丘〟(Bloody Ridge)と呼ばれるムカデ高地の裏側を迂回し、米軍に発見されぬよう「丸山道」と呼ばれた険しいジャングルの中をヘンダーソン飛行場目指して進撃した。そして10月24日に総攻撃を実施したが、米軍の凄まじい弾幕射撃に阻まれ作戦は失敗に終わったのだった。

それでも翌日、第2師団は再び総攻撃を仕掛けた。だがまたしても米軍の猛烈な反撃を受けて敵の防御陣地を突破することができなかった。そうして第2師団将兵は、10月26日の闇夜に隠れて丸山道から撤退したのである。

一方海軍は、当初10月21日に計画されていた第2師団による総攻撃を支援すべく近藤信竹中将の第2艦隊と南雲忠一中将の第3艦隊をガダルカナル沖に進出させた。

これに決戦を挑んできたのが南太平洋部隊司令官ウィリアム・F・ハルゼー中将麾下の第16任務部隊（トーマス・C・キンケイド少将）、第17任務部隊（ジョージ・D・マレー少将）、そして第64任務部隊（ウィリス・A・リー少将）だった。

10月26日、こうして空母艦載機同士の対艦攻撃による「南太平洋海戦」が始まった。

その結果、空母「翔鶴」と重巡「筑摩」が大破し、空母「瑞鳳」を小破させられたが、日本海軍は米空母「ホーネット」と駆逐艦「ポーター」を撃沈、空母「エンタープライズ」を撃破、駆逐艦「スミス」を大破させた他、戦艦「サウスダコダ」および軽巡洋艦「サンジュアン」に損傷を与えた。

海の戦いはまたしても日本の勝利だった。

これで米軍は太平洋海域で作戦行動できる空母がゼロになったのである。

だがまだヘンダーソン基地が健在だった。そのためガダルカナル周辺の制空権は依然米軍の手にあったため、無防備で鈍足の輸送船による兵員および物資輸送は危険と判断された。

そこで輸送量は小さくとも高速で防御能力がある駆逐艦あるいは隠密性の高い潜水艦に

よる夜間輸送が考案された。

複数の駆逐艦が、ドラム缶に詰め込んだ物資を搭載して隊列を組んでガダルカナル島を目指し、米軍機の哨戒圏内は夜間の闇夜に乗じて航行する。そしてガダルカナル島に近づくや、海岸に出てきた陸兵によって灯されたかすかなかがり火を目印にドラム缶を海に投下し、これを陸軍の兵士らが引き上げる手筈だった。

この駆逐艦による物資輸送を、夜間の隠密行動から〝ネズミ輸送〟と呼んだ。ちなみに米軍はこれを〝東京急行（Tokyo Express）〟と呼んでいた。そして潜水艦による物資輸送も行なわれ、こちらは〝モグラ輸送〟とも呼ばれた。

そんな中、先の第2師団の総攻撃が失敗したため、増援部隊として第38師団が投入されることになった。

しかし今回の輸送任務は、野砲など重装備を揚陸するため、駆逐艦や潜水艦は使えなかった。そこで危険を承知の上で、輸送船による輸送が計画されたのだった。

そのためにはガダルカナル島の米軍飛行場を一時的に使用不能にしてとにかく飛行機を飛び立たせないようにしておく必要があった。

こうして再びヘンダーソン飛行場への夜間艦砲射撃が計画されたのである。

そこで戦艦「比叡」「霧島」を擁する阿部弘毅中将率いる挺身艦隊がガダルカナル島に向かった。

米軍はこの日本軍の駆逐艦による夜間輸送を阻止すべく、夜間の洋上哨戒を強化していた。

そして迎えた11月13日、空母を伴わない日米艦隊がガダルカナル島沖で激突した。「第三次ソロモン海戦」である。

日米両艦隊は、まるで空中戦のような大乱戦となり激しく撃ち合った。

先ずは戦艦「比叡」の放った砲弾が、米軽巡洋艦「アトランタ」に命中し、乗艦していたノーマン・スコット少将が戦死した。さらに日本艦隊は、駆逐艦「バートン」「モンセン」「カッシング」「ラフィー」を撃沈し、重巡洋艦「サンフランシスコ」「ポートランド」および駆逐艦「アーロン・ワード」を大破させ、駆逐艦「ステレット」が中破、軽巡洋艦「ヘレナ」および駆逐艦「オバノン」を小破させるなど、この日の夜戦における米軍の被害は甚大であった。

一方、日本軍は戦艦「比叡」のほかに駆逐艦「夕立」および「暁」を失い、駆逐艦3隻が小破した。

その翌日、ガダルカナル島に攻撃をしかけた日本艦隊と米艦隊が再び激突した。日本艦隊は、米駆逐艦「ウォーク」「ベンハム」「プレストン」を撃沈し、戦艦「サウスダコタ」および駆逐艦1隻を大破させた。

だが日本側も戦艦「霧島」、駆逐艦「綾波」が沈没、重巡洋艦「愛宕」と「高雄」が小破という損害を出したのである。

時同じくして、ガダルカナル島への増援の陸軍第38師団を輸送してきた11隻の輸送船団は、自らの犠牲を覚悟でガダルカナル島の海岸目指して突進した。

ところがこれを阻止せんと攻撃してきた米軍機によってそのうち7隻が沈められた。それでも4隻は海岸に乗り上げて揚陸作戦を成功させたのである。

後にこの4隻も沈没するが、自らを犠牲にして友軍と物資を揚陸させた輸送船団は、まさに強襲揚陸ともいうべき捨て身の作戦だった。

第38師団が上陸したタサファロングの海岸には、いまもその時の輸送船の一隻「鬼怒川丸」が浅瀬に乗り上げたままになっており、すでに外観は著しく損なわれているものの船体の一部が見て取れる。実に生々しく、激しい戦闘がつい昨日のことのように思える景色である。

ガダルカナル島への増援部隊である第38師団を運んだ輸送船は全滅したが、兵員の多くは救助されて上陸を果たした。

しかしながら兵器が輸送船と共に失われたため、上陸したものの武器を持たない丸裸同然の第38師団将兵は、物資の欠乏状態にあったガダルカナル島の陸軍部隊をさらに苦しめる結果となってしまった。このことが飢餓状態をさらに悪化させることになったのである。

この状況を打開するために、田中頼三少将率いる第二水雷戦隊が〝ネズミ輸送〟を引き受けた。

これを待ち受けていたのが、重巡洋艦4隻、軽巡洋艦1隻、駆逐艦6隻からなる強力なカールトン・H・ライト少将の米第68任務部隊であった。

11月30日、闇夜に乗じてガダルカナル島西端のタサファロング岬とサボ島の間の狭い海峡を抜けた第二水雷戦隊の各艦が陸兵向けのドラム缶に詰めた物資の投下準備を始めたころ、前方警戒中の「高波」が米艦隊を発見した。

21時16分、田中少将は「揚陸止め！　戦闘、全軍突撃せよ！」を下令、「ルンガ沖夜戦」が始まった。その結果、敵の集中攻撃を受けた駆逐艦「高波」を失ったが、第二水雷戦隊は、重巡「ノーザンプトン」を撃沈し、重巡「ミネアポリス」「ニューオリンズ」「ペンサコラ」の3隻を大破させたのである。

敢えて戦史を細部にわたって記述したが、このように、ガダルカナル島における陸上戦闘と周辺海域での海上戦闘を時系列にそって丁寧に検証していくと、日本軍が一方的にやられたかのように伝わるこれまでの「定説」とは違った戦いの側面が見えてこよう。

なるほど米軍がガダルカナル島に上陸した1942年（昭和17）8月7日から、ガダルカナル島から日本軍が撤退する1943年（昭和18）2月7日までの6カ月間、地上では陸軍部隊が苦戦を強いられ、飢餓やマラリアなどに苦しんだが、海軍はほぼ勝ち続けて米軍に大損害を与えていたのである。

次々と増援を行なう米軍に圧迫された日本軍将兵は、補給なき戦いを強いられ、まさしく飢餓とも戦わねばならなかった。在島の友軍への補給は闇夜に乗じた駆逐艦や潜水艦による輸送に頼らざるを得ない状況であり、このような手段による補給ではとても将兵の腹を満たし体力を回復させることなどできるはずがない。

たとえ精強な日本軍といえども、米粒一つも口にできない飢餓状態では、重い小銃を構えることも手榴弾を投じることもできなかった。さらに体力の弱った日本軍将兵をマラリアや赤痢が襲いかかり多くの兵士が斃れていったのである。

もはやこれ以上の戦闘は困難とみた大本営は、ガダルカナル島からの撤退を決意し、1942年（昭和17）12月31日の御前会議で決定されたのだった。

年を越して1943年（昭和18）1月からは、米軍はさらに攻勢を強め、孤立する日本軍部隊を次々と全滅させていった。

1月14日には見晴台が米軍によって占領され、アウステン山に陣取る日本軍部隊も圧迫されて1月23日にはギフ高地の岡部隊が玉砕した。もはや戦いの趨勢は誰の目にも明らかだった。

「撤退命令」を受けた各部隊は、島西方の海岸に集結し、駆逐艦によって逐次撤退が行われた。

島の西に位置するタンベアの海岸は、日本軍の撤退が行われた海岸の一つで、2月1日から7日まで3次にわたって撤退作戦が実施されたのである。

この撤退作戦を成功させるために陸海軍航空部隊はガダルカナル島の米軍航空戦力を叩き、連合艦隊は東方牽制部隊を編成して陽動作戦を実施した。

そしてこのガダルカナル島からの撤退作戦では、将兵の撤退を支援するために戦闘部隊が送り込まれたのだった。

こうして第1次撤退作戦は2月1日に決行された。

まずは矢野桂二少佐を長とする撤退作戦支援部隊が駆逐艦でガダルカナル島に上陸し、撤退する将兵の盾となって米軍を引き付けて戦った。

このときの撤退作戦では、駆逐艦20隻が陸軍５１６４人、海軍２５０人を収容することに成功した。

そして第2次撤退作戦は2月4日に実施された。

この時も駆逐艦20隻によって陸軍４４５８人、海軍５１９人が収容された。

そして最後の第3次撤退作戦は2月7日に決行され、駆逐艦18隻によって陸軍２２２４人、海軍25人、さらにラッセル諸島に配置されていた陸軍３５２人、海軍38人も収容した。

またこの第3次撤退作戦では、撤退する将兵の盾となって戦った矢野少佐率いる撤退作戦支援部隊の生存者３００人も撤退したのである。

このように3次にわたる撤退作戦は、米軍に気づかれることなく見事に成功をおさめ、合計約1万2千人の陸海軍将兵を無事撤退させたのだった。もっとも撤退できずに自決した兵士がいたことは痛恨の極みであったが、撤退作戦に従事した駆逐艦の損害は沈没1隻、損傷3隻というこれまた予想をはるかに下回るものであった。

かの有名な〝キスカ島撤退作戦〟(1943年=昭和18年7月30日)では、5183人の将兵を撤退させているが、ガダルカナル撤退作戦はその倍以上の将兵の撤退を成功させていたのである。

ガダルカナル島の戦いで日本軍は全部隊が玉砕したわけではなかったのである。この戦いで日本軍は島嶼部からの史上最大の撤退作戦を成功させていたのだった。

ガダルカナル――そのあまりにも強烈な響きをもつ地名は、大東亜戦争の象徴のように我々日本人の記憶に刻み込まれている。

それまで連戦連勝を続けてきた日本軍がはじめてつまずいた戦いがこの島を巡る争奪戦であり、この戦いが大東亜戦争のターニングポイントとなった。圧倒的物量を誇る米軍の実力をまざまざと見せつけられた日本軍は、さぞや衝撃を受けたにちがいない。この島に上陸した2万余の日本軍将兵は、険しいジャングルの道なき道を突き進み、雨に打たれながら疲れ切った体をジャングルの木の根元に横たえたことだろう。

その過酷な環境は我々現代に生きる日本人の想像をはるかに超えるものがある。弾なく食糧もなく、さらにマラリアやデング熱に体力を奪われて次々と傍らで死んでゆく戦友を見ながら兵士達は自らの死を感じ取ったにちがいない。

そんな状況にありながらも、日本軍将兵は戦い続けたのである。このことは断言できるが、世界の軍隊の中で、このような状況下で戦い続けられた軍隊、強靱な精神力を持った軍隊は当時の日本軍をおいて他にない。

実はこの点が米軍はもとより世界に衝撃を与えているのだ。逆説的ではあるが、こうした戦いができることが日本軍の強さとして畏敬の念をもって称えられていることも知っておく必要がある。だからこそ米軍は日本軍を恐れ、戦後もその強さを称賛し続けているのである。悲惨な戦争の負の側面だけを伝え、日本軍を愚かな軍隊と侮辱する戦後の日本とは大きな違いなのだ。

弾もなく食糧もない絶望的な状況下で、それでも日本軍将兵は祖国を守るために力を振り絞って勇戦敢闘し、2万2千人の戦没者（うち飢餓やマラリアなどで斃れた者約1万5千人）を出しながら、驚くべきことに米軍に約6800人もの戦死者を強いていたのだった。

その勇敢な戦いぶりはいまでも地元の人々に語り継がれており、日本への尊敬へと繋がっているのだ。

恰幅《かっぷく》のよい地元のデイビッド青年は親指を立てながら満面の笑顔でこう言った。

「もし日本があの戦争に勝っていたなら、ソロモンはもっと発展していたよ！」

驚いて腰を抜かしそうになる言葉だった。ガダルカナル島の島民がこんな心情を持っていることなど日本のメディアは一切伝えない。

またマキラ・ウラワ州のカワヤブ村からガダルカナル島にやってきてホニアラ国際空港で勤務する職員の一人はこう言った。

「戦時中にお亡くなりになった日本の将兵に対しても我々は敬意をもっており、感謝しております。そして戦後も日本政府は、私達の村だけでなく他の村や島々を支援してくれてあらゆる形で、ソロモン諸島の人々に対して貢献をしてくれています。私達は、日本人に出会うたびにそのことを思い起こしています。だから我々はいつも日本人を歓迎していま す。そしてソロモン諸島に来て、歴史を知って下さい。ここで亡くなった日本の兵隊さんの慰霊をして、文化に触れ、そして人々と接して楽しんでくれることを心から歓迎します」

そしてガダルカナル島で青年海外協力隊員としてリハビリなど医療関係の支援を行なった日本人青年の山登孝則氏もいう。

「現地の人からは、『日本軍は食糧が無いなか、あれだけアメリカ軍に徹底抗戦し戦った。ジャパニーズアーミー（日本陸軍）は強かった』という話をよく聞きます」

同じく青年海外協力隊員として建築物等に関わる支援を行なっている河野絢香さんはこんな話を紹介してくれた。

「ソロモン人の人から、『なんで日本はあんなに強かったのに負けてしまったんだ』ということを聞きます。当時の戦いを見たお父さんやお爺さんから『日本人はソロモン人より小さいのによく戦った』ということを聞かされて育ったという人にも会いました。おそらくあの当時から、日本兵の方々は、ソロモン人に親日的な感情をもってもらえるよう、立派な態度で現地の方々に接しておられたのだろうなと思います」

そして私が激戦地となったムカデ高地を訪れたとき、第2師団将兵が進撃したジャングルに向かって黙禱を捧げ、あたりの地形を検証していると、黄色い声が聞こえてきた。麓の村から子供達がやって来たのだ。

大きな子達は何か言いたげに白い歯をこぼしながらこちらを眺め、年端もいかぬ子供達は木の枝を振り回しながら無邪気に走りまわる。

子供達は多少英語が話せるようだ。

「君は学校で第二次世界大戦の歴史を学んだ？　日本兵についてどのような考えを持っているの？」

　年長とおぼしき少年に聞いてみた。

　すると少年は、少し照れながら小声で答えた。

「たいへん素晴らしいと思います。ジャングルを抜けて撤退していった物語を教わりました」

　そしてもう一人の少年はこう言うのだった。

「日本の兵隊はみな勇敢でほんとうに強かったと大人たちが語っています」

　かつての大激戦地ガダルカナル島で、中学生ぐらいの子供からそんな言葉を聞けるとは思ってもみなかった。それだけにむしょうに嬉しかった。

　ソロモン諸島では、日本で報じられ、学校で教わり、また信じられていることと真逆のことが現地で教えられているのである。

　ガダルカナル島攻防戦は、たしかに作戦上の失敗はあったが、その作戦自体は無駄ではなかった。

アメリカとオーストラリアおよびニュージーランドの連携を断ち切るには、このガダルカナル島の攻略は必要であった。ガダルカナル攻防戦は、まさに〝米豪分断作戦〟であり、その後の戦いを考えれば絶対に負けるわけにはいかなかったのだ。

だから日本軍は必死だった。

陸軍の作戦を成功させるために、ラバウルの海軍航空隊が連日4時間かけてガダルカナル島へ飛来し、ヘンダーソン基地から迎撃に上がってきた米軍機と激しい戦闘を繰り広げた。

また海軍の水上部隊は陸軍のガダルカナル作戦を成功に導くべく大艦隊を幾度も繰り出して周辺海域で米海軍との激しい海戦を繰り広げた。そして島内で飢餓と戦う兵士への補給物資輸送にも駆逐艦や潜水艦を投入し、撤退にも全力を傾けたのだ。その結果、1万2千人もの陸軍将兵が無事撤退できた史実を封印してはならない。南方戦線で、かくも多くの将兵の撤退作戦が成功したのは、およそガダルカナルの戦いだけだったことを知っておく必要があろう。

真実5

もの凄い応募者数だった朝鮮人、台湾人の志願兵

かつて日本統治下にあった台湾や朝鮮で、その意思に反して無理やり軍に徴用され、有無を言わさず過酷な戦線で戦わされた、とよく言われる。とくに韓国においては定説になっている。

だがその「定説」は本当なのだろうか。

事実はまったく逆であり、大東亜戦争が勃発して軍の公募が始まるや、台湾人および朝鮮人の志願者が殺到し、その倍率は400倍から600倍にも達していたのである。

日本軍兵士となった彼らはあらゆる戦線で勇敢に戦い、そして台湾人約2万8千柱、朝鮮人約2万2千柱が靖國神社にご祭神として合祀されているのだ。

終戦までに台湾人の軍人8万433人および軍属12万6750人の、合わせて20万7183人が日本人と共に大東亜戦争を戦ったのだが、志願者の多さに軍は困ったという。

台湾で1942年（昭和17）に陸軍特別志願兵制度が施行されるや、最終採用者1020人に対して40万人もの台湾人青年が応募し、その志願者倍率は約400倍だった。

さらに戦況が厳しさを増す翌年1943年（昭和18）の同志願兵の倍率は前年の1・5倍の600倍の競争率を記録していたのだ。応募者の中には、自らの血で入隊の気持ちをしたためる血書嘆願者も多かったという。

戦後も、台湾人元日本軍人は、日本軍人であったことを誇りに思っている人が多い。

その一人、2023年（令和5）3月にお目にかかった楊馥成《ようふくせい》さん（101歳　大正11年生まれ）は、志願して軍属となり、陸軍第7方面軍の補給部隊に配属され、シンガポールで食料確保の任務に就いた。

そして終戦を迎えて帰国したら、かつて敵国だった中華民国の国籍となったことが不満で、最期は日本人として迎えたいとして日本政府を訴えた。最高裁まで戦ったがその思いは叶わなかった。令和5年3月にお話を伺ったとき、背筋を伸ばし矍鑠《かくしゃく》として話される姿はとても101歳には思えなかった。このとき、ひとしきり日本への思いと、日本の安全保障にとって台湾の重要性を語り、最後はうっすらと目に涙を浮かべて声高らかに「海ゆかば」を放吟されたのである。

かつてはそうした多くの台湾人元日本兵が凛《りん》として大東亜戦争の大義を語ってくれた。

鄭春河《ていしゅんが》さんもその一人だった。

鄭さんは、血書嘆願してまで日本陸軍に入隊し、現在のインドネシアのチモール島で戦った台湾人志願兵だった。

かつて私がインタヴューしたときも鄭さんは大東亜戦争の意義と日本への思いを力強く

訴えた。そしてその著書『台湾人元志願兵と大東亜戦争』（展転社）には終戦時の率直な思いが込められている。
《戦に負けたからにはいかなる応報があらうとも、祖国と運命を共に、最後まで日本人でありたかつた》
終戦後も日本への熱い思いを語り続け、2005年にこの世を去った。そして鄭春河氏は、現代の日本人にこう訴えていた。
《私は生を日本に享けて僅か二十六年間の日本人なれど、あくまで祖国日本を愛します。特に自虐的罪悪感をもつ同胞に先づその反省を促したい。願はくは、一時も早く目覚めて大義名分を明らかにし、民族の誇りにかけて速やかに戦前の日本人——真の日本国民に戻って下さい。そして、民族の発展と世界永遠の平和確立に貢献して下さい》
そして〝愛日家〟として知られた蔡焜燦《さいこんさん》氏は、終戦間際の昭和20年に岐阜陸軍航空整備学校奈良教育隊に志願したとき、郷里の台中の神社で同級生にその入隊動機をこう語ったという。
「俺は日本という国が好きだ。天皇陛下が好きだから、俺、立派に戦ってくる！」
そして蔡氏は常々こう語っていた。

「僕らはね、日本人として大東亜戦争を戦ったんです。あの戦争は自存自衛の戦いであって、断じて侵略戦争なんかじゃありません」

生前、蔡氏は、日本からやってくる人々をもてなす宴席の場でいつもこう叱咤激励してくれた。

「日本という国は、あなた方現代の日本人だけのものではありません。我々のような〝元日本人〟のものでもあるのです。日本人よ胸を張りなさい！　そして自分の国を愛しなさい！」

蔡焜燦氏も、先の鄭春河氏と同じく、自虐史観に洗脳された病んだ日本人の覚醒を願ってやまない元日本人だった。

蔡氏は、来日するときは必ず靖國神社を参拝し、英霊に感謝の誠を捧げ、毎年7月のみたままつりには献灯を欠かさなかった。

蔡焜燦氏の著書『台湾人と日本精神』（小学館）にはそんな思いが込められている。

そして李登輝元総統も陸軍高射部隊に配属された大日本帝国陸軍中尉であり、その実兄・李登欽氏（日本名・岩里武則）は、フィリピンで戦死した海軍機関上等兵で、靖國神社にご祭神として祀られているのだ。

そして李登輝元総統は、2007年(平成19)6月の来日時に、兄が祀られている靖國神社に念願の参拝を果たしており、その思いはまた格別なものがあったにちがいない。

とりわけ台湾人の靖國神社への思いは強い。

水中特攻兵器「回天」の搭乗員として訓練を受けた陳春栄氏(日本名　古田栄一)には不屈の大和魂が漲《みなぎ》っていた。

陳氏の自宅には、海軍の正装を身に着けた自身の肖像画と大きな旭日旗が掲げられており、その思いがひしと伝わってきた。陳春栄氏は『軍艦マーチ』のカセットテープをかけて気持ちを高めて当時の話をしてくれたあと、私にこう尋ねたのだった。

「私ね、ただひとつだけ……靖國神社に入ることができなかったこと、それが残念でなりません。いまからでも……私が死んだら靖國神社に入れますか?」

陳氏が寂しがるので私は答えられなかった。

台湾東部の花蓮には、特攻隊員が最後の夜を過ごしたという松園別館の旧兵事部の建物や防空壕などが保存されており一般公開されている。

敷地内に残る防空壕にも、特攻隊に関する写真や資料が展示されており、その中に、昭和19年12月14日にフィリピン方面で戦死した台湾人唯一の陸軍の特攻隊員・劉《りゅう》志《し》宏《こう》氏(日

本名　泉川正宏）の写真がある。そこには「１９６０年　入祀靖國神社」と記されていた。戦死から16年後に靖國神社に祀られたことになる。こうしたことからも台湾人の靖國神社に対する特別な思いが伝わってくる。

前出の蔡焜燦氏はいう。

「高砂の兵隊は、忠誠心が強かった。ジャングルの生活に慣れた彼らは食料調達もやったんだよね。彼らは日本の兵隊に食べさせるために必死で食料を探したんです。そしてこの食料調達の途中で高砂の兵隊が餓死したことがありました。それも両手に食料を抱えたままネ……。高砂の兵隊はそれを食べれば死なずにすんだのに食べなかった。日本の戦友に食べさせるものだから自分は手を付けずに餓死を選んだんですよ……戦友愛。ハイ、それは立派でした」

台湾人志願兵の中にあって「高砂義勇隊」を忘れてはならない。

「高砂族」とは、台湾原住民（アミ族、タイヤル族、パイワン族、ブヌン族など）の総称で、日本軍に志願入隊した彼らは、フィリピン、ボルネオ、インドネシア、ニューギニアなどの南方戦線で大活躍し、日本人の戦友達から厚い信頼が寄せられていたのだ。

彼らは、蔡氏が言うようにジャングルでのサバイバル術を身につけていただけではなく、彼らのマレー・ポリネシアン系言語は、東南アジア各地で通じたため、戦地における日本軍の通訳も担う頼もしい存在だったのである。

高砂義勇隊の兵士らは、先祖伝来の「蕃刀《ばんとう》」を腰に下げ、台湾山地の密林で培われた鋭い感性をもって部隊の先頭に立ち、敵と交戦が始まるや誰よりも勇猛に戦った。

大東亜戦争開戦劈頭のフィリピンのバターン半島およびコレヒドール島の攻略戦でも高砂義勇隊の働きがその勝利に大きく貢献した。

快進撃が続いた緒戦だけではなく、戦況悪化の一途を辿る昭和19年以降も、高砂族の戦士達は南方の激戦地で大活躍したのである。

ニューギニアのブナでの戦闘でも高砂義勇隊は勇猛果敢に戦っており、後にこの地で戦死した陸軍大佐・山本重省は、高砂義勇隊の忠誠と勇気を称えた遺書を残したほどだった。

ニューギニア戦線で高砂義勇隊500名と共に戦った第18軍参謀・元陸軍少佐・堀江正夫氏は私にこう話してくれた。

「高砂義勇隊の兵士らは、素直で純真、そして責任感がありました。ジャングルでは方向感覚に優れ、音を聞き分ける能力もあり、そしてなにより夜目が利くんです。だから潜入攻撃なんかはずば抜けていましたよ。そのほか食糧調達にも抜群の才覚がありましたね。

とにかく彼らの飢えに耐えながらのあの武勲を忘れることはできません」

このように、高砂義勇隊と共に戦った日本軍兵士に話を聞けば必ず高砂義勇隊に対する称賛と感謝の言葉が飛び出す。

最前線で日本人将兵を支えた高砂義勇兵は、頼りになる最高の助っ人であり、生命の恩人だった。「この部隊には高砂義勇隊がいる」というだけで安心感が湧き、日本兵はおおいに勇気付けられたという。

蘭印攻略戦に参加してボルネオ島のバリクパパンで戦った高砂義勇隊の元兵士に話を伺った。

盧阿信《ろあしん》（日本名・武山吉治）氏はアミ族出身で、陸軍に志願入隊して蘭印領ジャワ島およびボルネオ島、そしてフィリピンの各戦線で戦った。

盧氏は、蘭印領ボルネオで敵ゲリラと壮絶な白兵戦を演じている。

「あの時、相手の刀を素手で摑んで離さなかった。刃を直角に持てば切れないからね……。すると敵は、馬乗りになった私が背負っていた日本刀を片方の手で抜こうとした。しかし、日本刀は長いからなかなか抜けない……あと五寸のところで抜けなかった。そして素手で摑んでいた相手の刀を奪い取ってやっつけたんですよ」

また蘭印ボルネオのサンガサンガから南に下ったドンダンでは、突然出くわしたオーストラリア兵に、突如「誰だ！」という大声を浴びせ、その大声に怯んだ敵兵を捕虜にするという手柄も立てている。

盧阿信氏はいう。

「私たちは、日本軍と共にあの戦争を一生懸命戦い抜きました。残念ながら戦争には負けましたが、私たちはいまでも〝大和魂〟を持っているんですよ！」

高砂義勇隊の兵士の忠誠心と勇猛さは日本軍将兵に優るとも劣らなかったのである。中でも「中村輝夫」という日本名を持つアミ族出身のスニヨン一等兵は高砂義勇隊の象徴だった。

1943年（昭和18）、高砂義勇隊に志願して入隊したスニヨン一等兵は、フィリピン戦線を皮切りに南方戦線を転戦し、蘭印のモロタイ島（現インドネシア）での遊撃戦最中に終戦を迎えた。だが戦闘行動中のスニヨン一等兵には終戦の報は届かず、終戦から29年間も戦い続け、台湾に帰還したのは1974年（昭和49）のことだった。

彼の帰還は、グアム島から帰還した横井庄一伍長、フィリピンのルバング島から帰還した小野田寛郎少尉よりも後だったことから〝最後の皇軍兵士〟と呼ばれたのである。

スニヨン一等兵がモロタイ島のジャングルで発見されたとき、彼の小銃は実によく手入れされていたといい、収容された後も、日課として皇居への遥拝と体操を欠かさなかった。当時の高砂族総人口15万人中、６０００人が志願して大東亜戦争に参加し、その約半数が散華したのである。

このように大東亜開戦当初の日本の破竹の進撃を支えたのは、忠勇無双の台湾人志願兵と台湾人軍属であったことを忘れてはならない。

朝鮮人も同じだった。

台湾人の特別志願兵制度が始まったのは、１９４２年（昭和17）からだったが、朝鮮人を対象とする陸軍特別志願兵制度は、それよりも早く支那事変（１９３７）が勃発した翌年の１９３８年（昭和13）から始まっていた。

そしてその志願者倍率だが、内務省資料（昭和20年）によれば、この年の募集人員４００人に対して朝鮮人２９４８人が応募しており、その競争率は7・7倍に達していた。

翌年の１９３９年（昭和14）の同倍率は20・2倍と3倍近くに膨れ上がり、さらに２年後の１９４０年（昭和15）には27・6倍に達した。そして大東亜戦争が勃発した１９４１

年（昭和16）の志願者倍率は45・1倍、その翌年の1942年（昭和17）には志願者が25万4273人（合格者4077人）で、その倍率は62・4倍だったのである。

最終的に1944年（昭和19）からはじまった徴兵・徴用なども含め、大東亜戦争で日本兵として戦った朝鮮人の軍人・軍属は、24万2341人に上り、そのうち2万2千余柱が靖國神社にご祭神として合祀されているのである。彼らも護国の神であることを忘れてはならない。

しかしながら現代の韓国社会では、こうした事実も封印されており、戦前における対日協力あるいは〝植民地近代化論〟（日本統治で韓国が近代化したという視点）などは断固否定され、検証や議論すらできない言論統制下にある。

近年には親日反民族行為真相究明特別法や親日反民族行為者財産の国家帰属に関する特別法なるものによって、過去に日本に協力した者は歴史を遡って財産の没収が行われる始末である。この信じがたい法律の背景には、なんとしても史実を隠蔽したい韓国の狼狽が見え隠れする。もっと言えば彼らにとって都合の悪い史実は認めたくないのだ。

したがって日本の政治家が植民地近代化論や朝鮮人の積極的な対日協力の事実を口にしようものなら大騒ぎとなる。こうした事情について産経新聞ソウル駐在特別記者の黒田勝弘氏は次のように分析する。

《日韓の歴史的不幸は、日本支配によって韓国人が日本人になってしまうほど『協力』が進んだことにある。だから突然、日本支配が終わり、新生・韓国として本当の韓国人を必要とした時に韓国は困った。その結果、日本人化した韓国人を本当の韓国人に作り変えるために、過去のすべてを悪とし、日本への協力の歴史を排除して抵抗史観に基づく徹底した反日教育を断行する必要に迫られたのだ。したがって韓国の反日感情、反日情緒は、日本支配への『協力』と日本人化という痛切な事実のために、解放後にむしろ強調され、より強化されたのである》(黒田勝弘著『韓国人の歴史観』／文春新書)

ではこうした現代の韓国世論はいつ作られたのか。

それは戦後、大韓民国建国時の初代大統領・李承晩《イスンマン》が〝反日韓国〟の基礎を作り上げたのだ。そもそも李承晩は抗日組織・上海臨時政府の首班だった。

多くの朝鮮の人々が大東亜戦争を共に戦い、そして2万2余柱英霊が御祭神として靖國神社に合祀されていることはすでに紹介した。だが、その中には特攻隊員が含まれていることも付記しておきたい。

フィリピン・レイテ島オルモック湾の米艦艇に体当たり攻撃をかけた林長守軍曹をはじ

め、「武剋隊」の第5編隊長として沖縄方面の米艦艇に突っ込んでいったのは金尚弼《キムサンピル》大尉(日本名　結城尚弼)だった。卓庚鉉《タクギョンヒョン》大尉(日本名・光山文博)は、出撃前夜、富屋食堂で最後に『アリラン』を歌って知覧基地から出撃して沖縄方面にて散華した。

また日本本土空襲にやってきたB29爆撃機に体当たり攻撃を行って大空に散華した盧龍愚《ノヨンウ》少尉(日本名・河田清治)など、彼らはみな元日本軍人であり、靖國神社に祭神として祀られているのである。

こうした朝鮮出身の日本軍人の中で、戦後の連合軍による復讐裁判によっていわゆる〝戦犯〟として処刑された人もいる。

朝鮮人日本兵の中で129人が、いわゆる〝BC級戦犯〟なる罪で有罪とされ、うち14人が処刑されたのだ。

洪思翊《ホンサイク》中将もその中の一人だった。洪中将は、米軍の卑劣な復讐劇「マニラ軍事裁判」によって処刑されたのだが、当初、彼が朝鮮人であることを理由に無罪放免とされたのだが、彼はそれを泰然と拒否し、あくまで日本軍人として刑場に立ったのである。洪思翊中将は、指揮官として多くの部下を死なせた責任をとる覚悟だったという。

ちなみに洪中将は、生涯創氏改名することなく日本陸軍の中将にまで昇進していることに注目する必要がある。

もしも当時の日本が、朝鮮をいわゆる〝植民地〟として位置づけ、朝鮮人を虐げていたならば、「中将」という上位階級に昇進させ、日本人を率いさせただろうか。こんなことは当時の欧米列強では考えられないことで、なるほど英軍にはインド人の将軍はおらず、蘭軍にもインドネシア人の将軍はいなかった。

ところが、戦後、洪思翊将軍は韓国社会で「民族の裏切者」というレッテルを貼られ、その家族は韓国を追われ、日本に逃れなければならなかったのである。

この洪思翊中将をはじめ、朝鮮人で将官になったのは、男爵の爵位をもった朝鮮軍司令部附きの趙東潤《チュドンコン》中将など、陸軍中将が６人、陸軍少将が３人もいた。その中の一人が、李王朝最後の皇太子であった李垠《イウン》中将である。

もっとも佐官や尉官の階級を持ったものは数多く、彼らは指揮官として部下の日本人を率いて各地で勇敢に戦ったのだった。

しかし現代の韓国社会では、日本軍人として大東亜戦争を戦った人々は、裏切者・売国奴という烙印を捺《お》される。実におかしな話である。

朝鮮人日本兵の中には、朝鮮民族の誇りにかけて戦った者も少なくなかったであろうが、戦後の韓国社会は、日本統治から時間が経つほどに過去への糾弾が強まっていくという異様な傾向がある。

だが戦後、韓国軍を率いて朝鮮戦争（1950—1953）を戦い抜いた韓国軍首脳部は、日本軍もしくは満洲国軍の出身者だったことも付け加えておく必要があろう。

韓国陸軍参謀総長の李応俊《イウンジュン》中将は、日本の陸軍士官学校26期卒の日本陸軍大佐であり、蔡秉徳《チェビョンドク》中将も日本陸軍少佐だった。そして第3代参謀総長・申泰英《シンテヨン》中将も、陸軍士官学校26期生で日本陸軍中佐だった。さらに第9代韓国陸軍参謀総長・李亨根《イヒョングン》大将も、日本陸軍士官学校56期生であった。

また韓国空軍の生みの親となった空軍参謀総長・金貞烈《キムジョンヨル》将軍は、日本の陸軍士官学校54期生で、航空士官学校戦闘機科を卒業した後、大東亜戦争開戦劈頭のフィリピン作戦で武勲を上げ、陸軍三式戦闘機「飛燕」の戦隊長として南方戦線で大活躍した元日本陸軍大尉だった。

そして北朝鮮軍戦車に体当たり攻撃を敢行した飛行団長・李根晳《イグンギ》大佐（戦死後、准将）も、日本陸軍少年飛行兵2期生出身で、しかもかの加藤隼戦闘隊の撃墜王の一人であった。

ところが現代の韓国社会では、こうした先達を日本に協力した〝親日派〟として糾弾する声が収まらない。いやむしろ、左派政権が誕生するとこの〝魔女狩り〟のようなことが先鋭化する傾向にあるといっても過言ではない。

とにかく韓国では1930年あたりから1945年までの歴史はいわば暗黒の歴史として醜聞の色に染められている。当時の世相を〝抗日史観一色〟で塗り固め、大東亜戦争を日本人と共に戦ったという事実は徹底的に歴史から排除されているのだ。

ソウルの戦争祈念館の展示を見ると、不思議なことにこの朝鮮戦争で韓国軍を率いた指揮官や高官が元日本軍人であった経歴が綺麗さっぱり消されており、朝鮮戦争になって突然軍の指揮官や高官として歴史に登場するのである。こんな不自然な経歴を後世の韓国人が見たらどう思うだろうかと、こちらが心配になるほど歴史の封印が堂々と行われているのだ。

黒田勝弘氏の著書『韓国人の歴史観』の帯には、《この国の人々が言う『歴史の清算』とは、かつて危うく日本人になりかかり、共にあの戦争を戦った忌まわしい過去を消し去ることではないか》とある。だが日本人がそんなことを口にしようものなら、韓国は、蜂の巣をつついたように、やれ「歴史の歪曲だ！」「妄言だ！」と大騒ぎになる。

もちろん国を奪われた韓国人の心情は理解できる。しかし、だからといって、自らの史実を封印しておきながら日本に対して「歴史を直視せよ」というのはあまりにも乱暴ではないだろうか。もっと言えば、韓国が日本に求める「共通の歴史認識」とは、被害者である韓国の歴史観を指している。これでは両国の間に公平な歴史認識を育むことは難しい。

いずれにせよ、当時日本統治領だった朝鮮も、台湾と同じく夥《おびただ》しい数の若者たちが日本軍に志願入隊して、日本人と共に大東亜戦争を戦ったということは覆うべくもない事実なのである。尹錫悦《ユンソクヨル》大統領になって、それ以前の文在寅時代とは大きく変わったが、朝鮮出身の旧日本軍人に対し、客観的評価が成されるようになることを望む。

そして最後に、我々日本は、こうした台湾および朝鮮出身の元日本軍人の方々に心から感謝しなければならないことも添えておきたい。

真実6

米軍が賞賛した
マリアナ諸島の玉砕戦

日本軍の〝玉砕〟の象徴として語られるサイパン島の戦い——この戦闘は圧倒的物量を誇る米軍に完膚なきまでに叩きのめされた一方的な負け戦だったという印象が強い。むろん日本軍の損害規模が大きく、また最終的に島を奪取されたのだから軍事作戦上の失敗を批判されても仕方ない。

だが日本軍守備隊が敢闘し、上陸してきた米軍に甚大な損害を与え、米兵を恐怖のどん底に陥れていたという側面も知っておいていただきたい。

日本軍の作戦指導をはじめその戦いのすべてが批判されてきたマリアナ諸島の戦いの「定説」を、兵士たちの戦いから検証してみたい。

そもそもサイパンは、第一次世界大戦（1914—1918）で連合国側に立って参戦した日本が、ドイツ領だったこの島を占領し、戦後のパリ講和会議によって日本の委任統治領となった島だった。そしてこの島には日本の南洋政策を担う南洋庁サイパン支庁が置かれ、日本人が数多く移住して製糖業やパラオなど南洋の島々との中継地としてたいそう栄えた日本の一部だったのだ。したがって戦時中の島の人口構成は、日本人が約3万人でおよそ9割を占め、原住民となるチャモロ人やカナカ人はわずか4千人程度だったのである。意外とこのあたりの歴史が知られていない。

大東亜戦争末期、いよいよ米軍が日本の絶対国防圏と位置付けた要衝サイパンに迫ってくると、大本営はサイパン防衛を強化して米軍の来襲に備えた。

日本軍守備隊は、小畑英良中将麾下の陸軍第31軍司令部、斉藤義次陸軍中将率いる第43師団ほか、独立混成第47旅団、戦車第9連隊など多数の部隊のほか、中部太平洋方面艦隊司令長官の南雲忠一中将（戦死後大将）の海軍部隊を合わせて約4万4千人で、兵力を海岸付近に分散配置し、後方適地に配置された砲兵の打撃力と協同して米軍を水際で撃滅する方針で待ち構えていた。

また戦車第9連隊をタッポーチョ山の東側に待機させ、米軍上陸部隊を一気に蹂躙して海に追い落とす計画であった。

一方、米軍侵攻部隊は、上陸部隊として第2および第3海兵師団に陸軍第27師団を加えた3個師団の大部隊で、戦艦12隻、空母19隻からなる大艦隊を合わせた総勢12万7500人だった。

人員、武器弾薬、どれをとっても米軍上陸部隊は日本軍守備隊のそれを大きく上回っていたが、この戦いでは日本軍守備隊が、驚くべき奮闘をみせ米軍に想定外の甚大な損害を与えたのであった。

1944年（昭和19）6月11日、米軍はサイパン島全域に激しい空爆を開始し、13日からは大艦隊による艦砲射撃を実施した。戦艦12隻による艦砲射撃の威力はすさまじく、大地は揺れ続け島の姿が変わるほどの破壊力だったという。

これで日本軍守備隊の防御陣地を破壊できたと判断した米軍は、6月15日午前8時40分にサイパン島西海岸に上陸を開始した。

島南部のススペ岬の南側には第4海兵師団が突進し、北側のオレアイ方面には、実戦経験豊富な第2海兵師団が襲いかかった。

ところが米軍上陸部隊の期待を裏切って、日本軍守備隊は健在だったのである。

海岸に押し寄せた米海兵隊の水陸両用車は、日本軍の水際陣地の速射砲および後方のヒナシス山に配置された重砲によって次々と撃破され、海兵隊員が水陸両用車から慌てて飛び出すと、待ち構えていた日本兵に狙撃されていったのだ。

予想もしなかった日本軍守備隊の猛反撃は、米海兵隊を恐怖のどん底に陥れたのである。そこへ日本軍の戦車第9連隊の九七式中戦車が襲いかかったのだからたまったものではない。

日本軍守備隊は、自信に満ちて上陸してきた米海兵隊の前に敢然と立ちはだかったのだ。

《六月十五日、米軍はススベ岬の北に第2海兵師団、南に第4海兵師団を上陸させた。第一波のLVT一七〇両は冒頭のとおり、水際陣地から猛烈な洗礼を受けている。七五ミリ野砲、山砲、三七ミリ速射砲の直射、それにヒナシス山麓からの砲撃は恐ろしく正確だった。米海軍UDT（水中爆破チーム）は前日沖合いのリーフを偵察し、部隊ごとの上陸点を示す標識を立てていた。守備隊はそれを逆手にとって前夜に観測と照準を済ませており、上陸部隊を狙い撃ちにしたのだ。》（『歴史群像』第52号——サイパン防衛線　学習研究社）

やはり委任統治領サイパンの地形を知り尽くしていた日本軍の防御戦闘は見事であり、ススベ岬の南に上陸してきた米第4海兵師団はこうして大きな損害を被ったのである。

そしてススベ岬の北に上陸してきた第2海兵師団もまた日本軍守備隊の精密射撃の洗礼を受けて大損害を出した。

《第2海兵師団第6、第8連隊の4個大隊は砂浜に這い上がったものの、136連隊第2大隊に進撃を食い止められてしまった。計画ではLVTに乗車したまま内陸に進み、海岸堡を速やかに広げることになっている。だが午前一〇時になっても波打ち際から一〇〇メートルしか進めず、隠れたトーチカから銃砲弾を浴びる。

やむなく下車すると、銃剣をきらめかせた日本兵の突撃を受けた、撃退したかと思えば、北部から機動してきた戦車第9連隊の一個中隊の攻撃で死傷者が続出した。海兵たちはバズーカで戦車を迎え撃ち、火炎放射器や迫撃砲で日本軍の火点を掃討する。しかし136連隊第2大隊の機銃手は巧みに位置を変え、海兵は、それを一つ潰すごとに犠牲を払わねばならない。》(『歴史群像』第52号——サイパン防衛線)

また同書によれば、南部のアギーガン岬に布陣していた日本軍守備隊は、上陸してきた米第25海兵連隊を撃退したどころか、米軍の混乱に乗じて午前10時には逆襲を仕掛けたというから、その敢闘精神は凄まじかった。

また一五一高地に配置された日本軍守備隊の独立山砲兵第3連隊第2大隊は、敵機の空襲の間は身をひそめ、好機到来を待って敵に大打撃を与えたという。そんな日本軍砲兵部隊の砲撃を米軍はどのように見ていたのか。

《『米海兵隊戦史』は日本軍守備隊の砲撃に関し、「ほとんどがリズミカルに砲撃していた。砲弾は一五秒間隔に落下し、二五ヤード(二三m)の至近であった」と評し、サイパン作戦の海兵隊公刊戦史『SAIPAN』は「砲撃は激しく、着弾は決してばらつかなかった」と称賛している。》(『アメリカ海兵隊の太平洋上陸作戦』河津幸英著　アリアドネ企画)

日本軍の砲撃の精度はたいへん高かったのだ。

そのため上陸初日の米海兵隊の損害は甚大で、死傷者は2000人を数え、多くの上陸用水陸両用装甲車と戦車が撃破された。米第6海兵連隊などは、大隊長3人が負傷し、午後1時までに戦力の35%を失っている。こうしたことからも日本軍守備隊の反撃がいかに凄まじいものであったかがおわかりいただけよう。

米第4海兵師団第25連隊隷下の大隊の一つは、上陸後、海岸からわずか11メートルしか進めず、しかも日本軍の反撃の凄さに怖気づいた水陸両用装甲車が、海兵隊員を上陸させるや、武器や弾薬を陸揚げせずにさっさと逃げてしまったという。

実は日本軍の射撃精度の高さは、サイパン島の隣のテニアン島攻防戦でも実証されている。

テニアン島に寄せ来る米艦隊を迎え撃つべく、海軍があらかじめ設置していた小川砲台と二本椰子砲台の合計6門の6インチ砲が戦艦「コロラド」と駆逐艦「ノーマン・スコット」に集中砲火を浴びせて大損害を与えていたのである。

7月24日、陽動作戦のため戦艦「コロラド」と駆逐艦「ノーマン・スコット」が、上陸作戦に見せかけた上陸部隊を掩護するかのように海岸線から約2900メートルに近付いたとき、海岸砲が一斉に火を噴いた。すると、わずか15分間に22発の6インチ砲弾が戦艦「コロラド」を直撃し、戦死43人、負傷者176人の大損害を与えたのである。恐ろしいほど高い命中精度だった。

同じく駆逐艦「ノーマン・スコット」には6発の6インチ砲弾を命中させ、艦長シイモール・D・オウエンをはじめ19人が戦死し、47人が重軽傷を負ったのだった。

両艦は死傷者285人という大損害を被って戦場を離脱せざるを得なかったのである。

しかしながら衆寡敵せず、サイパン島陥落後に始まったテニアン島の攻防戦は、角田覚治中将率いる海軍第1航空艦隊など約4500人と緒方敬志大佐率いる陸軍第50連隊など約4000人が、米軍総勢5万4千人を迎え撃ったが、地上戦闘では日本軍守備隊約8000人と民間人約3000人が散華し、島に星条旗が上がったのだった。どうやら米軍は、サイパン戦での苦い経験に学んで戦いに挑んだようだった。

さて話をサイパン島の戦いに戻そう。

サイパン島守備隊の反撃は昼間だけではなく夜間も続いた。日本軍は米軍陣地に夜襲を仕掛けたのだった。

とりわけこの夜襲は米軍兵士の心胆を寒からしめた。事実、このマリアナ諸島の戦いの後に続くペリリュー島攻防戦でも、米軍は、日本軍に対して「夜襲を止めてくれれば、こちら（米軍）も爆撃は止める」と申し入れたほどであった。

そして米軍は、タッポーチョ山沿い防御線でも苦戦を強いられ、指揮官が更迭される異例の事態にまで発展した。

6月23日に投入された米陸軍第27歩兵師団（師団長　ラルフ・スミス少将）は、戦線を押し上げるべく日本軍守備隊の防御線に何度も攻撃を仕掛けたがことごとく撃退された。そして翌24日には上陸部隊指揮官である米海兵隊のスミス中将によって第27師団長スミス少将が更迭されたのである。

その後米軍は、28日にガラパンに侵攻するなどして戦線を押し上げていったが、それでも日本軍の抵抗は止まなかった。

《その後の日本軍戦車の行動は二度知られている。一度目は六月二八日、二輌の戦車が忽然と現れて米陸軍3／106大隊の監視哨を急襲。大暴れして大隊長のハロルド・I・ミゾニイ中佐を含む一二人を殺し、六一人を負傷させ、無傷のまま姿を消した》という。

日本軍による夜襲は歩兵部隊だけではなかった。

熾烈を極めた米海軍の艦砲射撃や執拗な空爆をやりすごした第9戦車連隊が米上陸部隊

に殴り込みをかけたのである。日本軍はこの小さな島に70両もの戦車を持ち込んでいたのだった。

もっとも日本軍の九七式中戦車は米軍のM4シャーマン戦車に比べ、火力も防御力も劣っており、戦車同士の戦いでは勝負にならなかった。だが、それでも戦車兵の士気は高く、彼らは七生報国の信念で戦い抜いたのだった。

期せずして捕虜となってしまった戦車第9連隊の戦車兵マツヤ・トクゾウ氏は米軍による尋問記録（海兵隊史『SAIPAN』収録）でこう答えている。

《我が連隊の残る戦車は、今や、チハ車六輌、九五式六輌、合計一二輌だ。たとえ戦車がなくなっても我々は素手で戦う……。敵にあったら、私は我が剣を抜き、二四年の人生が終わるまで敵を斬って、斬って、斬りまくると決意していた》（『アメリカ海兵隊の太平洋上陸作戦』）

もちろん精神論では戦に勝つことはできない。

しかしながら、多くの実戦経験者によれば、不撓不屈《ふとうふくつ》の敢闘精神は、戦場で思わぬ勝機をもたらすこともあったという。その一つがサイパン島の攻防戦だったといえよう。

日本軍守備隊は劣勢ながらも勇戦敢闘し、圧倒的物量を誇る米軍を苦しめ続けたが、されど制空権・制海権なき状況では戦力の損耗を補うことはできなかったのである。

1944年(昭和19)7月6日夜、南雲忠一海軍中将は、〝我等玉砕、もって太平洋の防波堤たらんとす〟の決別電文を発信して、斉藤義次陸軍中将、井桁敬治陸軍少将、矢野英雄海軍少将らとともにサイパン北部の地獄谷とよばれる山岳地帯の司令部壕で自決を遂げたのだった。

7月7日午前3時、地獄谷から海岸線付近に集結した残存部隊は米軍上陸部隊に対していわゆる〝バンザイ突撃〟と言われる総攻撃を行った。

海岸の海側から海軍部隊、同じく海岸の山側2箇所から陸軍部隊が突撃を敢行したのである。この総攻撃には陸海軍将兵だけでなく地元青年団員ら在留邦人らも参加し、将兵と共に玉砕した。

総攻撃が行われた2日後の7月9日に、米軍はサイパン島の占領を宣言したのである。

そして絶対国防圏の一角を失った責任をとって東条内閣は総辞職した。

最も悔やまれるのは、島の北端に追い詰められた在留邦人が、米軍に捕まることを恐れてサバネタ岬(通称〝バンザイクリフ〟)やマッピ山の「スーサイドクリフ」(自殺の崖)の高い崖から、次々と飛び降りて自ら命を絶ったことである。

サイパンの戦いにおける日本軍の戦死者は陸海軍合わせて約4万1244人、民間人の死者約1万人超と記録されている。一方、この戦いにおける米軍の損害も大きく、戦死者3441人、負傷者1万1465人を出していたのだ。

だが日本軍将兵は不撓不屈だった。

島内に散開した日本軍将兵は、山岳地に潜んで好機到来を待って遊撃戦で米軍に挑み続けたのである。

そしてその中には米軍から〝FOX〟フォックス（きつね）と呼ばれ恐れられた日本軍人がいた。

陸軍第43師団の大場栄大尉だ。

大場大尉は、日本軍首脳の自決と米軍のサイパン島占領の宣言後も47人の部下と共にタッポーチョ山中に立てこもり、終戦から4カ月後の1945年（昭和20）12月1日まで戦い続けたのだった。

終戦後、大場大尉は土屋伍長を軍使として派遣し米軍に降伏申し入れを承諾させた上で山を下りた。

大場大尉は、下山するにあたり、自らの意思ではなく〝軍命による降伏〟であることを明確にするため、11月27日に天羽馬八少将の降服命令書を受け、これに従って降伏したのであった。しかも大場大尉らは下山前に自らの小銃など手入れを行い、頭髪の手入れや被服の修理交換も行った。

そして12月1日早朝、斃れた戦友に対する慰霊祭を執り行ったのち、隊列を組んで堂々と軍歌『歩兵の本領』を歌いながら降服式典会場に現れたのである。こうして降伏式会場に現れた大場大尉以下47名の兵士らは、凛然と整列して降伏式に臨んだのだった。

サイパン島守備隊の組織的抵抗が終わったのちも1年半もの間戦い続け、そして最後まで高い士気を維持できる日本軍兵士を見た米軍は驚嘆し、改めて日本軍の精強さを思い知ったのである。

サイパン、グアムなど、マリアナ諸島の戦いで日本軍守備隊は玉砕した。

しかしながら日本軍将兵は、劣勢でありながらも勇猛果敢に戦い、組織的抵抗が終焉した後も遊撃戦で米軍を苦しめ続けた。

さらに昭和20年の終戦後も、大場栄大尉やグアム島の横井庄一伍長のように、他国に例をみない敢闘精神と忠誠心で戦い続けたことが、今も現地では英雄として賞賛され続けているのだ。

戦に敗れたとはいえ、マリアナ諸島の戦いにおける日本軍将兵のその武勇と精強さは、米軍兵士の心胆を寒からしめ、今日もなお畏敬の念をもって語り継がれているのだ。敵国だったアメリカのマリアナの戦いに対する評価は、日本でのそれとは大きく異なっているのである。

真実7

封印された沖縄戦の真実

〜日本軍は県民を守ろうとして戦った〜

〝沖縄は捨て石だった〟――もはや「定説」となった感のある沖縄戦に対する評価は本当なのか。

近年、10万人もの民間人の犠牲者を出したことがあまりにも大きな悲劇であったことから、大東亜戦争末期の沖縄戦がこの一点のみで語られることが多い。**日本軍は島民の犠牲を顧みなかった、と。**

だが軍は本当に沖縄を捨て石にしようとしていたのだろうか。最前線で戦った将兵もそう考えていたのだろうか。また日本軍は圧倒的物量を誇る米軍にまったく手も足も出せずに一方的にやられたのだろうか。

戦跡を歩き、当時の資料や証言を丁寧に検証してゆけば、こうした「定説」がウソであることがわかってくる。

「沖縄県民かく戦へり
県民に対し後世特別のご高配を賜らんことを」

1945年（昭和20）6月6日、海軍沖縄根拠地隊司令官・大田實少将（戦死後中将）は、海軍次官宛ての最後の電文に、沖縄県民の献身的な協力と艱難辛苦《かんなんしんく》を報告すると共に、これに報いるため後世には沖縄県民に対して特別の配慮をお願いするという一文を添えたのだった。

この電文発信の一週間後の6月13日、大田司令官は、幕僚らと共に司令部壕内で自決した。

享年54だった。

海軍は、水上特攻として戦艦「大和」を旗艦とする第二艦隊を出撃させ、「大和」の46センチ砲で米軍を撃ち払おうと試みた。だが航空機の援護なき艦隊は米軍雷爆撃機の攻撃を許し、ついに「大和」は、軽巡洋艦「矢矧《やはぎ》」、駆逐艦「磯風」「朝霜」「浜風」「霞」と共に撃沈されたのだった。そして「大和」の乗員約3300人と合わせて40444人が散華したのである。

さらに沖縄方面の米艦艇に対し、海軍940機、陸軍887機の特攻機が突入し、海軍2045人、陸軍1022人が散華した（資料により数字は異なる）。彼らは皆、沖縄に来寇した米艦艇を撃滅せんと、至純の愛国心を胸に尊い命を捧げたのである。

こうしたことから、戦後言われるような、〝沖縄が捨石だった〟などという表現は不適切であり、戦没者に対する冒瀆でしかない。

この陸海軍の特攻作戦によって、米艦艇36隻を撃沈し、その他数多の艦艇を撃破した。その結果、米英海軍は、戦死者4907人と多数の戦傷者を出したのである。さらに航空機による体当たり攻撃は艦上の米軍兵士を震え上がらせ、米海軍艦艇は多くの戦闘神経症患者を出したのだった。

特攻隊員となった若者たちは、劣勢の戦局を打開するために、そして沖縄を救うために怨敵必滅の信念に燃えて敵艦に突っ込んでいったのである。

特攻作戦の詳細については次章に譲るが、沖縄戦での航空特攻による米英海軍の人的損害は、日本陸海軍の航空特攻の戦死者数を大きく上回っており、日本軍の特攻作戦は大きな戦果を挙げていたのだった。

そうした沖縄特攻の中でも「武剋隊《ぶこく》」の出撃は特筆すべきものがある。

米軍が慶良間諸島に上陸を開始した3月26日、台湾に向かう広森達郎中尉率いる「武剋隊」が補給のために沖縄に飛来した。このとき、第32軍の航空参謀・神《じん》直道中佐は、広森中尉に、沖合の敵艦隊への特攻攻撃を打診したのである。すると広森中尉は、即答でこれに応じ、8人の部下にこう言い渡した。

《いよいよ明朝は特攻だ。みないつものようにおれについて来い。そこで次のことだけは

約束しておこう。今度生まれ変わったら、それがたとえ蛆虫《うじ》であろうとも、国を愛する忠誠心だけは失わぬようにしよう》

部下達は「ハイ!」と答え、それを目の当たりにした神参謀は涙を流したという。

ところが広森中尉らは、敵艦艇への体当たり攻撃の要領も知らなかったのだ。そこで神参謀が指導し、明朝の特攻攻撃に備えたという。そしてその翌日の3月27日、牛島中将らは第32軍司令部の置かれた首里の山上に集まって武剋隊の特攻を見守った。

《指示された発信時刻と寸秒の狂いもなく、三機編隊の三群は、まず首里山の真上に飛び、翼を振って別れを告げたのち、西方海上に直角旋回して敵の艦船群に突っ込んで行った。

驚いた敵の対空砲火は、火線の洪水のように空に向かって奔《はし》った。一機は直撃弾を受けて、ゆらゆらと海中に落ちて行くのが眺められたが、他の八機は、隼の急降下するような姿で目標艦に突進して行った。いくつかの黒煙が天に冲《ちゅう》し、それが消えたのちに艦影が見えなくなったのは轟沈の証拠であって、その数は少なくとも五つであった。沖縄戦争中に行われた航空攻撃何十回の内、一個の小隊がこれだけの戦果をあげた例はついに見ることができなかった》(伊藤正徳著『帝国陸軍の最後4』角川文庫)

そして沖縄への特攻を語るとき、「義烈空挺隊」を忘れてはならない。

義烈空挺隊とは、11〜12人の空挺隊員が乗り込んだ九七式重爆撃機12機で編成され、米軍占領下の中飛行場（嘉手納）および北飛行場（読谷）に強行着陸して、飛行機から飛び出した空挺隊員が地上の敵航空機を強襲する〝空挺特攻隊〟だった。

1945年（昭和20）5月24日、奥山道郎大尉率いる義烈空挺隊員（搭乗員を含む総勢168人）は熊本県健軍飛行場で、それぞれの郷里に向って遥拝した後、諏訪部忠一大尉率いる第3独立飛行隊の12機の九七式重爆撃に分乗して出撃していったのである。

出撃時の写真を見ると、奥山大尉がその乗機となる1番機の機長・諏訪部大尉と笑顔で握手を交わし、そして出撃時もまた奥山大尉が笑顔で機上より手を振って別れを告げている。その威風堂々たる姿勢に、悲壮感など微塵も感じられず、奥山大尉の辞世の句「吾が頭 南海の島に 曝《さら》さるも 我は微笑む 國に貢せば」そのものだった。

出撃した12機の内エンジンの不調などによって4機が引き返したため、結果的には8機が突入した。しかしながら米軍の激しい対空砲火を受けて奥山大尉の座乗する一番機を含む7機が撃墜されてしまったのである。

それでも原田宣章少尉の乗り組んだ4番機は敵の猛烈な対空砲火をかいくぐって、見事、北飛行場への強行着陸に成功した。胴体着陸させせた機体から飛び出した十余名の空挺隊員は飛行場に並べられた戦闘機・爆撃機・輸送機合わせて9機を破壊し、29機に損傷を与えたうえ、燃料集積所や高射砲台地などを焼失させたのだった。そしてこの大戦果を挙げた4番機の14人は壮烈なる戦死を遂げたのである。

陸軍の航空特攻の中で、沖縄県出身の伊舎堂用久《いしゃどうようきゅう》大尉（戦死後中佐）についても紹介しておきたい。

陸軍特別攻撃隊誠第17飛行隊長・伊舎堂用久大尉は、生まれ故郷の石垣島の白保飛行場で出撃命令を待っていた。その間、伊舎堂大尉は家族が面会にきても、「家族と離れて本土から石垣島にやってきている部下達は家族に会えないのに、自分だけが会うことなどできぬ」として会わなかったという部下思いの指揮官だった。

3月26日午前4時、慶良間諸島周辺の米艦艇を迎え撃つべく伊舎堂大尉率いる4機は、6機の直掩機と共に白保飛行場を飛び立ち、午前5時50分に敵艦隊めがけて突っ込んでいったのである。

あの日から68年後の2013年（平成25）8月15日、石垣島の新港地区で、伊舎堂中佐をはじめ石垣島から出撃した特攻隊員31人の武勲を讃える顕彰碑が建立された。

碑文には、《郷土と国を愛し、悠久の大義に生きる精神により散華した伊舎堂用久中佐（特別攻撃後、二階級特進）と隊員の偉功を後世に伝え、これからの時代に於いても、郷土と国を護る崇高な精神を育み、恒久平和を希求する為、伊舎堂用久中佐と隊員の顕彰碑をここに建立する》とある。大東亜戦争や旧日本軍に対し、歪んだ歴史認識に汚染された沖縄の特異な言論空間にありながらかくも見事な碑文には驚きを禁じ得ない。

地元紙『八重山日報』（2013年8月16日）のコラム「金波銀波」はこう綴っている。

《反戦平和運動が盛んで、特攻隊についてほとんど教えられてこなかった沖縄で、顕彰碑が除幕される意義は大きい。碑文には、特攻隊が郷土と国を愛するという「悠久の大義」に生きていることが明記されている。特攻隊の犠牲を犬死にのように言う、一部の風潮に対する鋭い警鐘になるだろう》

沖縄は、いわゆる〝内地人〟が踏みにじったのではない。そして沖縄は捨石などでは決してなかった。こうして沖縄の若者達も、郷土をそして祖国日本を守るために至純の愛国心をもって雄々しく戦ったことを知っておく必要がある。

地上戦でも日本軍守備隊は一方的に攻撃にさらされ、県民を放って逃げまどっていたわけではなかった。この点はほとんど知られていないが、地上部隊も圧倒的物量を誇る米軍相手に善戦していたのである。

1945年（昭和20）3月26日、米陸軍歩兵第77師団が慶良間諸島に上陸を開始し、沖縄地上戦の火蓋が切って落とされた。そして4月1日、戦艦10隻をはじめ200隻以上の戦闘艦艇の猛烈な艦砲射撃の支援を受けた米陸軍第7師団、第96師団および米第1海兵師団・第6海兵師団が沖縄本島西部の読谷海岸付近に上陸を開始した。

開戦当初から日米両軍の戦力差は桁違いだった。

米軍は、洋上の海軍支援部隊を含めると54万8000人に上り、艦艇約1500隻、艦載機約1200機、戦車500両、多数の野砲やロケット砲と、膨大な量の弾薬を準備していた。

これを迎え撃つ日本軍守備隊は、牛島満中将（当時）率いる陸軍第32軍をはじめ海軍部隊合わせて約11万6400人、戦車はわずかに27両、野砲や対戦車砲も備えていたがその数は米軍に比べて圧倒的に少なかった。

このいかんともしがたい戦力差がありながら、沖縄戦を前に2万5千人の最精鋭第9師団が、台湾に転出されてしまったのである。そのため第32軍は、第24師団、第62師団の二個師団に独立混成第44旅団と第5砲兵団で防衛体制を最構築しなければならなかった。日本軍の劣勢にさらに拍車がかかった。

だがそれでも日本軍は勇戦敢闘し、この沖縄戦で米軍に戦死者1万2520人を含む、死傷者6万5631人の大損害を与えていたのである。日本軍はただ一方的にやられていたのではなかったのだ。

4月1日に沖縄本島に上陸してきた米軍の前に先ず立ちはだかったのは、わずか1200人の賀谷《かや》興吉中佐率いる独立歩兵第12大隊、通称〝賀谷支隊〟であった。賀谷支隊は、上陸後に本島南部に向った米陸軍2個師団の前進を妨害し、進撃を遅らせる「遅滞戦闘」を展開して米軍を悩ませ続けたのである。

日本軍は、劣勢でありながらも各地で勇猛に戦い、とりわけ嘉数《かかず》高地(現・宜野湾市)の戦闘では、10倍もの米軍に大損害を与えた。

藤岡武雄中将率いる陸軍第62師団の歩兵第63旅団(中島徳太郎少将)および第64旅団(有川主一少将)は、嘉数高地の北側斜面にあらかじめトーチカを構築し、南側斜面には迫撃砲や砲陣地、さらには歩兵が身を隠す棲息壕《せいそくごう》などを配置した「反射面陣地」で米軍を迎え撃った。

巧みに構築された日本軍の罠にはまった米兵は、後方から撃ち込まれる日本軍の砲弾の餌食となったのである。

まずは米軍に高地の占領を許したところで、前田高地などから砲弾の雨を降らせ、同時に高地の南側に設けた戦闘壕から出て来た日本兵が手榴弾を投げつけて米兵をなぎ倒していったのである。

米兵達はまさしく〝まな板の上のコイ〟だった。

日本軍の攻撃は凄まじく、その戦いぶりは米軍将兵に大きな衝撃を与えたという。

4月19日、嘉数台に向けて進撃してきた米軍M4シャーマン戦車30両が、巧みに配置された日本軍の速射砲や高射砲に狙い撃ちされ、また爆雷を抱えた兵士による肉弾攻撃によって22両が撃破されたのだった。

では米軍はこの嘉数の戦闘をどのように見ていたのだろうか。

《午前八時三十分、歩兵部隊が嘉数高地前方の小山をあきらめて後退しかけたとき、戦車隊が三列、四列になって嘉数台地を横断しはじめ、嘉数と西原間を南進していった。火炎放射器を装備した自動操縦戦車も加え、全戦車三十輌が、日本軍陣地の主力に強力な攻撃を加えようとこの台地に集結したのである。第一九三戦車大隊のA中隊が、戦車隊の主力を構成していた。戦車三輌が進撃の途中、台地付近で地雷にあって擱座した。

戦車隊が列をつくって進撃しているとき、西原丘陵の陣地から日本軍の四十七ミリ対戦車砲が猛攻を加えてきた。敵弾は十六発が発射されたが、米軍は一発も撃ち返せずに戦車四輌を撃破されてしまった。》（米陸軍省戦史編纂部編集『沖縄』外間正四郎翻訳　光人社NF文庫）

そしてその米軍戦車部隊が村落に侵入する際には、日本軍の猛反撃に遭って大きな被害を出した。

《米軍の被害も大きかった。とくに村落に入るときが激戦で、村落周辺、あるいはその中に入ってからでさえ、戦車十四輌がやられた。その多くは敷設地雷や四十七ミリ対戦車砲にやられたものだが、なかには、重砲や野砲で擱座させられたものもあり、また日本軍が爆薬箱をもって接近攻撃法をこころみ、爆薬もろとも戦車に体当たりし、自爆をとげるという特攻にやられて撃破された戦車も多かった。

米軍の被害はますます大きくなった。とくに爆薬箱をもった日本軍は、戦車にとっては大脅威だった。

爆薬箱は、ふつうボール箱の中に火薬をつめ、それを至近距離から戦車の無限軌道（キャタピラ・筆者注）めがけて投げつけてくるものである。だが、日本人はしばしばこれを腕にかかえてそのまま戦車にぶつかってくる戦法をとったのだ。嘉数―西原戦線でも十キロ爆薬をかかえた〝自爆攻撃兵〟によって、日中に六輌が撃破された。

戦車は無限軌道をやられ、動けなくなっても、中の搭乗員はなんでもないのがふつうだった。だが、日本軍は戦車を擱座させてからなだれこみ、天蓋をあけて手榴弾を投げ込んだ。こうして多くの戦車が破壊され、また搭乗員も殺されたのである。

午後一時三十分、いまや米軍歩兵が来るのぞみはすっかり断たれ、戦車隊は、もとの線まで後退するよう命令をうけた。朝、嘉数高地に出撃した三十輌の米軍戦車のうち、午後もとの位置に帰ってきたのはわずか八輌であった。》（前同『沖縄』）

今では語られることのない沖縄戦における生々しい戦闘の様子だが、日本軍はかくも勇敢に戦い、そして想像以上の大きな戦果を挙げていたのだった。

米陸軍省もこの嘉数の戦闘をこう総括し、日本軍の強さを認めている。

《こうして、四月十九日の中南部攻撃作戦は失敗した。日本軍の戦線は、どの陣地をも突破することができなかった。彼らはどこでも頑強に抵抗し、米軍を追い返したのである。

西側の一号線道路近くでさえ、第二七師団はかなり進撃したとはいうものの、そのほとんどの地域が日本軍のいない低地帯で、そこから、丘陵地帯への進撃は、猛烈な反撃にあって、のぞむべくもなかったのである。

その他の戦線も同じだった。朝出撃して、日本軍の抵抗戦にぶつかると、もうその日の進撃は、それで終わりだった。》（米国陸軍省編『沖縄』光人社NF文庫）

日本軍は、強力な米軍戦車を撃退し、4月8日から24日までの攻防戦で6万4千人もの兵を失いながら、米軍に戦死傷者2万4千人の出血を強いたのだった。米軍はこの大損害に愕然とし、日本軍守備隊の強靭さに震え上がった。

この激戦の地・嘉数高地は今では「嘉数台公園」として整備されており、宜野湾市の建てた案内版には次のように記されている。

《嘉数高地は、第二次世界大戦中に作戦名称七〇高地と命名され、藤岡中将の率いる第六十二師団独立混成旅団、第十三大隊原大佐の陣頭指揮で約千人の将兵と約千人の防衛隊で編成された精鋭部隊と、作戦上自然の要塞の上に堅固な陣地構築がなされたため十六日間も一進一退の死闘が展開されたが、しかし米軍にとっては「死の罠」「いまわしい丘」だと恐れられた程に両軍共に多くの尊い人命を失った激戦地である。

この嘉数高地七〇高地は、旧日露戦争の二〇三高地に値する第二次世界大戦の歴史の上に永代に残る戦跡である》

嘉数高地の攻防戦は、かの日露戦争における二〇三高地の戦いに匹敵するほどだったと表現されているのだ。

日本軍が勇戦したのは嘉数高地の争奪戦だけではなかった。

天久《あめく》台の攻防戦も忘れてはならない。

5月12日、沖縄本島最西部を南下する米海兵隊第6師団は、日本軍の第32軍司令部の置かれた首里から約2キロ離れた天久台で独立混成第44旅団と激突した。

第44旅団は数の上では劣勢だったが、第6海兵師団の猛攻に怯むことなく、5月18日まで一週間にわたってその進撃を阻止し続けたのである。

安里《あさと》五二高地（米軍は〝シュガーローフ〟と呼んだ）の争奪戦では、壮絶な白兵戦が繰り広げられた。最終的に米軍がこの戦いに勝利したが、戦死傷者2662人と1289人の戦闘神経症患者を出したのだった。注目すべきは米兵の戦闘神経症患者の多さであり、つまりこれは、日本軍将兵がいかに米海兵隊員に恐怖を与えたかの証左なのだ。

映画『ハクソー・リッジ』（メル・ギブソン監督）でその舞台となった前田高地でも日本軍

は米軍を苦しめた。

第24師団歩兵第32連隊第2大隊長・志村常雄大尉は4月29日に前田高地に進出して米軍と激しい戦闘を演じており、そのときの様子をこう綴っている。

《砲爆撃と戦車砲の射撃によって高地上が無力化し、南斜面のわが主力を洞窟内に追い込むことに成功したとみるや、射撃が中止され、間髪入れず、敵歩兵が高地北側の断崖を縄ばしご等で登ってくる。

敵の歩兵は、主として自動小銃の腰だめ射撃と手榴弾で入念に台上掃射を行なったうえで、これを占領するのであった。

この間、空には絶えず観測機(われわれがトンボと呼んでいたもの)が飛行して、密接に地上と連絡をとっている。

高地上を占領されていたのでは、いつ馬乗り攻撃をかけられ、洞窟が破壊されるかわからないから、われも機を見て高地上の敵に逆襲を敢行する。

このさい、洞窟内に引き込んでいた大隊砲と擲弾筒で短切な支援射撃を行ない、これに膚接《ふせつ》して突撃を行なったが、これは極めて効果的であった。

米軍は、われの突撃にたいしてはまったく弱い。「ウワーッ」と白兵をふるって突っ込むと、敵歩兵は、完全に戦意を失って一目散に後退する。小銃も装具も投げ棄てて逃げて行くのであった。なかには悲鳴をあげ、あるいは泣き叫びながら逃げる者もいる。そして、ついには北側の断崖からころげ落ちる者も少なくなかった。》(『丸　別冊　最後の戦闘』潮書房)

また現在の浦添市にある城間の戦闘でも、米軍は、日本軍の猛烈な反撃にあって夥《おびただ》しい被害を被った。米軍は、４月21日の戦闘の様子を次のように記録している。

《午後十一時、城間と下方の谷間にいた日本軍が、いっせいに総攻撃を開始した。米陣地をけちらし、機関銃二挺をぶん取り、多数の米兵を殺し、米軍が部隊を再編できないほどめちゃめちゃにしてしまった。ベッツ大尉は残りの兵を引きつれ、どうにか百八十メートル南方の第一大隊の線まで引き下がったが、中隊の兵力はいまや半分に削がれてしまっていた。》(米国陸軍省編『沖縄』光人社ＮＦ文庫)

されど衆寡敵せず。日本軍は10万人の戦死者を出してこの戦いに敗れた。作戦立案上の問題や補給の問題もあったことは否めない。しかし日本軍は与えられた兵力と武器で圧倒的物量を誇る米軍を迎え撃って勇戦敢闘した。ところがなぜかこのことだけは語られることはない。実におかしな話である。

封印された日本軍の奮闘は、米軍が、戦死者約1万2千人・戦傷者約7万人という米軍事作戦史上最多の部類に属する犠牲者を出していることがなにより雄弁に物語っていよう。ちなみにあの有名なノルマンディー上陸作戦での連合軍の戦死者は1913人、負傷者は約6000人だった。

繰り返すが、軍が〝沖縄を捨て石にした〟などという事は決してなかった。それは日本軍が、特攻機から戦艦「大和」まで持てる戦力を総動員して沖縄を守ろうとし、奪還しようとしたことを考えればおわかりいただけよう。

ただこの沖縄戦では、10万人の軍人と共に、民間人約10万人が斃れた。その多くが戦闘の巻き添えとなって亡くなったのだが、米軍が意図的に住民を巻き添えにした側面も指摘しておきたい。

まさしく〝鉄の暴風〟と呼ばれたほど言語に絶する激しい艦砲射撃や砲爆撃によって多くの民間人が犠牲となったのだが、そのほかにも無差別攻撃による被害もあったという。

6月18日に喜屋武半島真栄里《まえざと》で前線視察中の米軍最高指揮官サイモン・バックナー中将が戦死するや、米兵たちはその報復として無辜の民間人も容赦なく虐殺したといわれている。むろんそれがたとえ一部の兵士の蛮行であったとしても、その住民虐殺が沖縄県民に、米軍に対する拭い去れない憎しみを根付かせ、そのことが現代の反米軍感情につながってきたことも理解しておかねばならない。

米軍は、沖縄県民を戦闘の巻き添えにした。

沖縄戦を前に、それはハーバード大学のアルフレッド・M・トッツァー教授らが、沖縄県民を日本の少数民族と位置付けて、内地人と分断する心理作戦を考案していたのである。

この心理作戦計画は、日本人を二つのグループに分け、沖縄県民が内地人に踏みつけにされているという考えを増大させて対立させることで、沖縄県民を米軍の作戦遂行に利用しようとするものだった。

事実、米軍は沖縄戦が始まるや、日本軍と沖縄県民を分断するビラを飛行機でばらまき、軍と県民を混乱させている。

沖縄本島に米軍が上陸後に撒かれたビラには、《この戦争は、皆さん達の戦争ではありません。唯、貴方達は、内地人の手先に使われているのです》と書かれている。

さらに、日本兵が水筒の水を飲んでいる写真をあしらったビラには、こう書かれていた。

《日本軍は食物でも飲水でも澤山持つてゐます。皆様は生活に必要な品物を呉れる様に日本軍にお願ひしなさい。皆様が自分で生活が出来ない様になつたのも日本軍の為です。日本軍が町の中に留まって居た為に皆様の家が壊され生命が危うくなり、とうとう日本軍に頼らなければならない様になつたのです。日本軍に食物や飲水を呉れる様にお願ひしなさい。無いと言つてもそれを聞き入れてはいけません。》

極めて卑劣なやり方である。まかり間違って民間人が日本軍の補給所などに押し寄せれば、むしろ民間人が米軍の攻撃にさらされることになろう。

沖縄戦の惨状が綴られバイブルのようになっている『鉄の暴風』(沖縄タイムス社)は、終戦から5年後の昭和25年(1950)8月に出版されており、その前書きは次のように結ばれていた。

《なお、この動乱を通じて、われわれ沖縄人として、おそらく終生わすれることができないことは、米軍の高いヒューマニズムであった。国境と民族を超えたかれらの人類愛によって、生き残りの沖縄人は、生命を保護され、あらゆる支援を与えられて、更生第一歩を踏み出すことができたことを、特記しておきたい》

戦史を知るものとしてはとても考えられない内容だ。この本はいまも再版を重ねているのだが、実はこの部分がすっかり削除されているのだ。

そもそも『鉄の暴風』が出版されたのが米軍占領下の１９５０年だったのだから、何をか言わんや。米軍は沖縄占領政策を円滑にするため、沖縄戦時の悲劇をすべて日本軍のせいにして沖縄県民の憎悪の矛先を日本軍に向けさせた。まさに米軍の沖縄占領政策の一環としての心理戦だったといってよかろう。

だが米軍占領下の沖縄では、現代のような日本軍への憎悪や本土への反発はなかった。それは、本土復帰前に各地に建立された慰霊碑を見ればよくわかる。

１９６８年（昭和43）3月に、財団法人沖縄遺族連合会によって建立された、真栄里の慰霊碑の碑文にはこうある。

《住民とともに勇戦奮斗せる我が軍は物量を誇る米軍の攻撃に抗しきれず善戦空しく昭和二十年六月十七日玉砕し悠久の大義に生く。》

そしてなにより、「祖国復帰運動」は沖縄県民の気持ちを雄弁に物語っている。

米軍占領下、本土復帰前に沖縄県民は挙《こぞ》って日本本土復帰を願った。そして日の丸を手に沖縄本島北端の辺戸岬まで行進し、その思いを内外に伝えたのだった。このことは多くの写真が物語っている。

ではなぜそんな沖縄が変わってしまったのか。当時の沖縄の教育関係者らによると、沖縄が本土復帰するや、本土から共産党のオルグ団が沖縄にやってきて人々を次々と洗脳していき、気がついたら日本軍は悪者にされていたのだという。

だが日本軍が、米軍上陸前になんとか民間人を疎開させようと万策を講じようとしていたことは完全に封印されている。

かつて太田實海軍中将の運転手を務めた地元沖縄出身の元海軍一等機関兵曹・堀川徳栄氏から、太田司令官が車の後席で幕僚と、海軍の持っているトラックを総動員して民間人を沖縄本島北部に疎開させる方策を練っていたという話を聞かせてもらったことがある。

実は陸軍も同じだった。

陸軍第32軍司令官牛島満大将と参謀長の長勇《ちょういさむ》中将は、海軍の大田實中将と同じく、いかにして住民を疎開させて戦禍から守るかを考え、そして疎開船を仕立て、可能な限り疎開させたのである。

牛島満大将は、昭和19年3月に第32軍司令官に任命され、沖縄に着任してすぐに着手したのが、いかにして民間人を戦禍から守るかということだった。

戦闘員と非戦闘員を明確に区別し、戦闘に参加しない民間人は県外に避難させ、できない場合は沖縄本島内の戦禍が及ばぬ地域に疎開させることにした。
そして牛島司令官は、県民に布告した。
一、凡そ戦闘能力ならびに作業能力のあるものは、挙げて戦闘準備および戦闘に参加すること。
二、六十歳以上の老人、国民学校以下の児童ならびにこれを世話する女子は、昭和二十年三月までに、戦闘を予期しない島の北部に疎開すること。
三、軍の各部隊が所属自動車その他の車輛、舟艇を利用して極力住民の疎開を援助するので、疎開者はその指示に従って斉々と行動すること。
四、爾余の住民中、直接戦闘に参加しないものは、依然戦闘準備作業、農耕その他の生産に従事し、敵上陸が予想される前に、速やかに島の北部に疎開すること。
こうして北部に約5万人の民間人が疎開し、県外には、沖縄本島から約10万人、八重山諸島からは約3万人が疎開したのである。

牛島司令官の右腕として作戦指導にあたった参謀長・長勇中将も、沖縄赴任を命ぜられるや南西諸島に必要な戦力やその配置と共に「非戦闘員の疎開の研究」をまとめ、大本営に提出した。

そして長参謀長の強い意向で那覇の首里高地に、敵の艦砲射撃にも耐えられる頑強な洞窟陣地を築いた理由について、作家の光武敏郎氏は、次のように述べている。

《守備軍は本陣をやたらに移動すべきではない――が彼の考え方だった。特に住民とともにある戦場では、司令部は常に沈黙の偉容を必要とされる。それは戦闘指揮にも影響するし、「司令部が移動すれば、戦線は錯綜し、一般住民を戦禍に巻き込むこと必定である等と、長参謀長の沖縄戦略の底には、常に住民への配慮が介在していた》(「歴史と旅　太平洋戦争名将勇将総覧」秋田書店)

さらに4月1日に米軍が読谷の海岸に上陸を開始したとき、日本軍が一切の迎撃を行わなかったのは、敵上陸部隊を引きつけてから叩く、民間人の被害を少なくする戦術だったという。

それでも結果として3万7139人の一般市民と、戦闘に参加した5万6861人の民間人が戦火に斃れた。このことは痛恨の極みであり、悔やんでも悔やみきれないものがある。だが沖縄県民は軍人に信頼を置いていたからこそ、軍と行動を共にしたこともまた事実である。このことは戦時中に住民避難を担った元警察官や元教員など多くの年配者から話を伺っており、少なくとも私は、日本軍人が怖い存在だったなどという話を聞いたことがない。いずれにせよ、軍人はそれほど信頼されていたのだ。

だが残念なことにこうしたことは完全に密封され、戦時の民間人の犠牲と悲劇ばかりが取り上げられていることが残念でならない。もちん無辜の市民が、激しい艦砲射撃や砲爆撃の犠牲になったことは覆うべくもない事実であり、このような事は二度と繰り返してはならない。しかしながらその沖縄県民を守るために日本全国からやってきた若者たちが命を賭して戦ったこともまたしっかりと伝え、そして顕彰されるべきである。

祖国日本の領土を守るために6万5908人を数える他府県出身の軍人と2万8228人の沖縄出身軍人・軍属が雄々しく戦い、そして散華した事を忘れてはならない。

善戦むなしく、日本軍は本島南部に追い詰められ、昭和20年6月23日黎明、第32軍司令官・牛島満大将と長勇参謀長は、摩文仁《まぶに》の丘突端の司令部壕内で自刃して果て沖縄戦は終結した。

沖縄戦では日本軍戦没者約10万人に加え、約10万人もの民間人が犠牲となった。

一方米軍も、日本軍の猛烈な反撃と徹底抗戦によって、第10軍司令官・サイモン・バックナー中将を含む約1万2千人に上る戦死者と7万人を超える戦傷者を出していたのである。沖縄戦では、米軍がこれまで経験したことのない苦戦を強いられ、米軍史上、特筆されるべき損害を被っていたのだ。

　軍民合わせて約20万人の戦没者を出した沖縄戦。後世に生きる我々は、この尊い犠牲を断じて貶《おとし》めてはならない。

真実8

実は大戦果を挙げていた特攻隊の真実

《日本の空軍が頑強であることは予め知っていたけれども、こんなに頑強だとは思わなかった。日本の奴らに、神風特攻隊がこのように多くの人々を殺し、多くの艦艇を撃破していることを寸時も考えさせてはならない。だから、われわれは艦が神風機の攻撃を受けても、航行できるかぎり現場に留まって、日本人にその効果を知らせてはならない》(安延多計夫著『あゝ神風特攻隊』光人社NF文庫)

これは米海軍ベイツ中佐の言葉である。

大東亜戦争後の日本では、特攻隊は、大きな戦果を挙げられず数多の若者の命を奪った無謀な作戦、悲劇の象徴として憐れまれ、その死は無駄死だったとされ、酷評にさらされ続けている。

もちろん搭乗員もろとも敵艦に体当たり攻撃を行う特別攻撃は作戦の邪道であったことに異論はない。そして特攻隊で多くの戦死者を出したが日本は戦争に敗けた。

だがその戦果は「特攻隊は無駄だった」と片付けられる程度の軽微なものだったのだろうか。特攻隊員たちは死への恐怖に包まれ、ただ悲しみに打ちひしがれていたのだろうか。そして彼らの死は〝犬死に〟だったのだろうか。

実のところ、戦後の日本は、こうしたことを軍事的見地から客観的に検証せず、実戦を経験した軍人の証言に、真摯《しんし》に耳を傾けてこなかった。特攻隊を顕彰し、再評価することを許さない空気が支配的だった。

ではまず特攻隊の全容を見てみよう。

１９４４年（昭和19）10月25日にフィリピンのマバラカット飛行場から飛び立った関行男大尉率いる敷島隊の攻撃から終戦までの約10カ月間に、海軍の特攻機２３６７機が敵艦隊に突入して２５２４人が散華した。そして陸軍は同１１２９機が出撃し１３８６人が散華した（数値は資料によって異なる）。

この陸海軍の特攻機による体当たり攻撃を受けた連合軍の艦艇は、実は甚大な被害を受けていたのだ。

筆者の調べによれば、日本陸海軍の特攻隊によって撃沈または撃破された連合軍艦艇は２７８隻に上り、資料によっては３００隻を超えるとしたものもある。もっとも米軍が被害艦艇としてカウントしていない艦船もあったとみられ、したがって実際の被害数はこれを上回っていたと推察される。

特攻隊の肉弾攻撃による連合軍の人的被害もまた驚くほど大きかった。

米海軍だけをみても、特攻機の体当たりによる犠牲者は、戦死者が約1万2300人、重傷者は約3万6000人に上り、さらに、あまりの恐怖から戦闘神経症の患者が続出しているので兵力の損害は甚大だった。つまり日米両軍の戦死傷者の数だけを単純比較しても、陸海合わせて3910人の特攻隊員が、実に3倍以上の1万2300人もの敵と刺し違えていたことになる。

特攻機の突入を受けた艦艇の被害は想像以上に大きかった。

最初の特攻隊となった前出の敷島隊5機の攻撃では、250kg爆弾を抱いた零戦1機が護衛空母「セント・ロー」に突入し、同艦は大爆発を起こして沈没した。このとき乗員889人のうち、143人が艦と運命を共にした。

そして2機に突入された護衛空母「カリニン・ベイ」は大破し、同艦は以後修理のために最前線から姿を消した。

敷島隊他の特攻機は、護衛空母「キトカン・ベイ」および護衛空母「ホワイト・プレインズ」にも突入して被害を与え、この2隻は修理のために戦場から離脱を余儀なくされたのだった。

このように護衛空母4隻を撃沈破という大きな戦果を挙げたのは、わずか5機の敷島隊だったのである。

実はこの同じ日、敷島隊の他にも、フィリピンのダバオ基地から飛び立った神風特別攻撃隊の朝日隊（２機）、山桜隊（２機）、菊水隊（２機）に加え、セブ島から出撃した大和隊（２機）、そして敷島隊と同じマバラカット基地からも彗星隊（１機）と若桜隊（４機）が米艦隊に体当たり攻撃を行っていて大きな戦果を上げていたのだ。

この日の神風特別攻撃隊は、敷島隊と合わせて合計18機（他、特攻機を護衛する直掩の零戦11機）が出撃し、体当たり攻撃によって前述の護衛空母「セント・ロー」を撃沈した他、護衛空母「カリニン・ベイ」「サンチー」「スワニー」を大破せしめ、護衛空母「キトカン・ベイ」「ホワイト・プレインズ」「サンガモン」「ペトロフ・ベイ」に損害を与えた。さらにこの攻撃で米海軍は空母艦載機１２８機を損失し、戦死・行方不明者は１５００人、戦傷者は１２００人に上った。

繰り返すが、わずか18機の特攻機が空母８隻を撃沈破したのである。

この戦果を見ても明らかなように、航空機による体当たり攻撃は、水上艦艇が成しえなかった大戦果を挙げていたわけで、つまり最初の特攻作戦は日本軍の〝大勝利〟だったのだ。

航空特攻は、その後も米軍に甚大な被害を与え続けた。

1945年（昭和20）2月21日に硫黄島沖で特攻機の攻撃を受けた護衛空母「ビスマーク・シー」が沈没し、戦死318人、負傷者99人を出したほか、31機の艦載機が艦と運命を共にした。このように航空母艦への体当たり攻撃は、艦艇を沈没させるだけでなく、大勢の乗員と多数の航空機を巻き添えにしたのである。

また最大の被害を受けた艦種は駆逐艦で、たとえば駆逐艦「モリソン」は、1945年5月4日に相次いで特攻機の突入を受けて沈没。乗員152人が戦死し、そのほかにも102人の負傷者を出した。そしてその同じ日、駆逐艦「ルース」が2機の特攻機の突入を受けて沈没し、こちらも戦死者148人、負傷者94人の被害を出している。

とくに沖縄方面では日本軍特攻機の来襲をレーダーでいち早く探知して艦隊に報せる役目の〝レーダーピケット艦〟を担った駆逐艦は、特攻機の標的の一つとなり、集中攻撃を受けて大きな被害を出した。

米海軍ターナー大将の幕僚はこう語っていた。

《われわれはレーダー哨艦としては、艦隊中の優秀艦を抜いてこれに当てた。哨所につけと命ずることは、まるで死刑の宣告を与えるようなものだ。実際、こぎれいなつやつやと光沢のある駆逐艦が哨所につくために、北の水平線に消えていくのを見送るぐらい嫌な気持のものはない。駆逐艦の機関も大砲も完全で、乗員もピチピチしているのに、数時間もたたないうちに、ひどい姿になって曳航されながら帰ってくるのだからな》（前出『あゝ神風特攻隊』）

特攻機の標的は、航空母艦や戦艦など大型艦艇だけでなく、駆逐艦や揚陸艦、輸送艦などあらゆる種類の艦艇だった。そして終戦までに日本軍の航空特攻によって沈没した連合軍の艦艇は55隻を数えた。

だがたとえ沈没を免れても、大損害を被った艦艇が、沈没艦艇の数をはるかに超えていたことに注目する必要があろう。

空母「レキシントン」は、1944年11月5日にフィリピン沖で艦橋に特攻機の突入を受け、乗員50人が戦死し132人が負傷した。

また空母「サラトガ」は、1945年2月21日に硫黄島沖で4機の特攻機に突入され、乗員123人が戦死し192人が負傷した。このときの被害は甚大で、同艦は、修理のために長期にわたって戦線を離脱せざるを得なくなったのである。

1945年1月21日、台湾沖で特攻機2機に突入された正規空母「タイコンデロガ」は、その攻撃で大火災が起きて乗員143人が戦死し、202人が重軽傷を負った。しかもこの攻撃で多くの艦載機が海中投棄され、その損害も大きかった。どうにか沈没を免れた「タイコンデロガ」は、修理のために本国への帰還を余儀なくされ長期にわたって戦線を離脱することになったのである。

そして特攻機による最多の攻撃を受けた空母は「イントレピッド」で、フィリピンや沖縄の海域で4回もの攻撃を受け、乗員97人が戦死し重軽傷者236人を出している。特攻機による被害箇所の修理のため4回もドック入りしたため〝Dry I〟（ドライドックとイントレピッドの頭文字を合わせた文字）という有難くないニックネームを付けられた。

特攻機の突入によって最も大きな被害を出した空母は「バンガーヒル」だった。

1945年（昭和20）5月11日に2機の特攻機の突入を受け、402人の戦死者と264人の重軽傷者を出している。

このように特攻機の最重要目標だった航空母艦の被害は大きかった。正規空母16隻（うち英空母5隻）、軽空母5隻、護衛空母13隻が特攻機の攻撃を受けて甚大な人的被害を出していたのである。

巨大な戦艦も同様だった。

戦艦「メリーランド」は、フィリピンと沖縄海域で2回も特攻機の攻撃を受けて乗員62人が戦死し、負傷者68人を出している。

同じく戦艦「ニューメキシコ」も同じ海域で特攻機に2度も突入され、乗員84人が戦死し、208人もの負傷者を出した。

実は10隻もの戦艦が特攻機の突入を受けていたのである。

そのほか、重巡洋艦・軽巡洋艦合わせて12隻、駆逐艦、戦車揚陸艦、上陸支援艇、輸送船など100隻以上が日本陸海軍の航空特攻によって大きな被害を被っていたのだった。

そして見落とされがちなのが、修理のためにわざわざ米本土に曳航されながらも、修理不能と判断されて除籍処分になった艦艇だ。これらは実質上の沈没艦といえるもので、その数は決して少なくはなく、米軍にとっては頭が痛い問題の一つだった。

〝特攻機が体当たりしてもさほど敵艦を沈めることはできなかった〟などという批評をよく耳にする。

しかしながら、敵艦をあっさり撃沈するよりも、むしろ敵艦に損傷を与えて戦闘不能に陥れることの方が作戦上良い場合もあった。なぜなら僚艦がその被害艦の救助活動をしなければならなくなり、敵の戦力をさらに低減させることになるからだ。まして被害艦を米本土への曳航となれば、そのために無傷の戦闘艦艇が戦場から離脱を余儀なくされてしまうのだ。

実際、特攻機が突入しても沈まない艦艇は多かった。しかしながら特攻機が体当たりすると、搭載していた250キロ爆弾が爆発して大きな被害を与えるだけでなく、特攻機の積んでいた航空燃料が飛散して甲板を火の海にしたため、多くの将兵が被害を受けたという。

空母「ハンコック」は、1945年4月7日の沖縄海域での戦闘で特攻機に体当たりされ、爆弾が炸裂したうえに特攻機が搭載していた航空燃料が火災を引き起こした。そのため艦載機16機が炎上し、多くの戦死傷者を出している。

特攻機の攻撃による被害はそれだけではなかった。

特攻機の突入を受けて、洋上の松明のように燃え盛る被害艦の惨状を目の当たりにした僚艦の米兵たちは恐怖に震え、精神に異常をきたす戦闘神経症の患者が続出したという。

前出の『あゝ神風特攻隊』によれば、特攻機の攻撃を受け、大きな被害を受けた駆逐艦「ニューコム」の艦長I・E・マクシミリアン中佐は、その戦闘報告に「不気味な死に直面し、ひどい火傷や重傷のうめき声がはっきり聞こえてきて、焦熱地獄の様相を呈してきた。

士官および下士官兵の精神状態が極度に動揺した……」（一部を抜粋）したと記している。

そして特攻機の突入を受けて黒く焼け焦げた駆逐艦が、慶良間列島に設けられたアメリカ軍の損傷艦錨地に帰ってくると、またこの惨状を見た将兵は、特攻機への言い知れぬ恐怖を覚えたという。

ところがなぜか特攻隊によるこうした大戦果はほとんど知られておらず、語られることもない。

戦後のマスコミや学者などは、この特攻攻撃を指導部の愚策と批判し、挙句は特攻が〝犬死に〟であったとする報道および解釈が大勢を占めている。

そして特攻隊には一旦離陸したら帰投は許されないという人間性を無視した暗黙の指示があったとも伝えられているが、実はそうではなかった。

１９４５年（昭和20）５月に作成された特別攻撃隊員用の教本「と號空中勤務必携」には、敵艦への突入方法の他に、「中途カラ還ラネバナラヌ時ハ」という帰投時の要領も示されていたのだ。

「天候ガ悪ルクテ自信ガナイカ目標ガ発見出来ナイ時等」の時は次のようにせよと指示が出されていたのである。

「落胆スルナ　犬死シテハナラヌ小サナ感情ハ捨テロ　国体ノ護持ヲドウスル　部隊長ノ訓示ヲ思ヒ出セ　ソシテ　明朗ニ潔ヨク還ツテ来イ」

〝明朗に潔く死んで来い〟ではなく、〝明朗に潔く還って来い〟と指示されていたのである。

しかも「中途カラ還ツテ着陸スル時ハ」として着陸要領まで指定されていたのだ。

着陸するときは「爆弾ヲ捨テロ　予メ指揮官カラ示サレタ場所ト方法デ」

さらにこのように記されている。

「飛行場ヲ一周セヨ　状況ヲ確メ乍ラ　ツマツテヰタラ小便ヲシロ（垂レ流シテヨシ）風向ハ風途ハ　滑走路カ、路外カ、穴ハ　深呼吸　三度」

このように機体不具合時の帰投要領が、小便の指示まで細かく指示されていたのであった。

もちろんひっ迫した戦況の下では、帰投を許さぬ空気に包まれた部隊もあったことだろう。

しかしながらこうして教本にはしっかりと帰投時の要領と「落胆スルナ」という励ましの言葉までも記されていたのである。

戦後の日本社会では、特攻隊は悲劇の象徴でしかなく、軍部を批判する格好の材料となってきた。したがって、その作戦の意義や戦果を再評価したり、特攻隊の顕彰を口にしようものなら、たちまち「戦争を美化しているのか！」などとまったくお門違いの批判を浴びるはめになる。戦後の日本では特攻隊への評価は完全な言論統制下にあるといってよい。

しかしながら本章で紹介した客観的事実をみれば、特攻隊は大きな戦果を挙げ、米軍将兵の心胆を寒からしめていたことがお分かりいただけよう。

こうした史実を捻《ね》じ曲げて解釈し、特攻隊員に対して偽善的な哀れみの情を込めて無駄死だとか犬死になどというのは英霊に対する冒瀆である。

そしてまた特攻隊員は、その意志に反して強制的に志願させられたかのごとく言われ、あろうことか〝かわいそうな若者〟に仕立てられてきた。

だが特攻隊員の肉声はそのようなものではなかった。彼らは至純の愛国心を胸に戦い、そして命を祖国のために捧げたのである。

最初の特攻隊となった前出の「敷島隊」の隊員の遺書を紹介したい。

隊長・関行男中佐　24歳

《遺書
西条の母上には幼時より御苦労ばかりおかけし、不孝の段、お許し下さいませ。

今回帝国勝敗の岐路に立ち、身を以って君恩に報ずる覚悟です。

武人の本懐此れにすぐることはありません。

鎌倉の御両親に於かれましては、本当に心から可愛がっていただき、その御恩に報いる事も出来ず征く事を、御許し下さいませ。

本日、帝国の為、身を以って母艦に体当たりを行い、君恩に報ずる覚悟です。

皆様御体大切に。父上様、母上様》

二番機　中野磐雄少尉　19歳
《遺書
お父さん、お母さん、私は天皇陛下の赤子として、お父さん、お母さんの子として、立派に死んで行きます。
喜んで参ります。
では、お身体を大切にお暮し下さい》

三番機　谷暢夫少尉　20歳

《遺書

はじめありて終わりあるもの鮮《あざやか》し永らくのご厚意を謝す。何一つ親孝行らしきことなき小生も、最初で最後の親孝行を致します。忠孝一致、とは古人、実によく云ったものと感心します。

御両親の長寿を切に祈ります。

「日の本の空征くものの　心なれ

散るを惜しまぬ　桜花こそ」

辞世の歌

身は軽く　つとめ重きを思ふとき

今は敵艦に　ただ体当たり》

四番機　永峰肇兵曹長　19歳

《遺詠
南溟にたとひ　この身は果つるとも
いくとせ後の　春を思えば》

五番機　大黒繁男兵曹長　20歳

《家族への手紙
この戦は本当に国を挙げての戦争です。

今迄一人も軍人として国に報ひて来た人の無かった事、私は子供の頃より残念に思っておりました。今では兄弟二人軍人として御報公出来る様になりました。

私は家の誇りと思って居り、此の上は他人に負けぬ働を成す事が一番大切です。

私も攻撃の時は無念無想、任務完遂に邁進致します》

敷島隊の5人は皆20歳前後の若者であったが、彼らは祖国のため、そして愛する家族を守るために殉じたのである。

かつて私は、特攻命令を受けた戦闘機搭乗員の山崎健作伍長（陸軍少年飛行兵15期生）に話を聞いた。

山崎氏は、飛行訓練を重ね技量を高めているときに特攻要員となり、翌日から敵艦への突入の訓練を実施した。そんな最中の１９４５年（昭和20）２月16日に特攻命令が下った。その時の心境をこう語ってくれた。

「戦友が、『おい、山崎！　命令が出たぞ！』と報せてくれたんです。私はそのとき、心臓を冷たい手で握られたような感じがしました」

ところがその話を聞いた地方紙の記者が、特攻命令を受けた山崎さんは〝恐怖を感じた〟と書いたのだった。だがそれは大きな間違いだった。

山崎氏はいう。

「特攻命令を受けたとき、恐怖などまったく感じませんでした。心臓を冷たい手で握られたような感じがしたというのは、自分がちゃんと敵艦に命中できるか、任務を遂行できるか、という緊張感だったんです」

この新聞記者は、当時の若者の気持ちなど理解できなかったのだ。特攻命令を受けた山崎氏は、死への恐怖ではなく、崇高な使命感からくる緊張感を感じたのだった。

そして、フィリピンで直掩機として特攻機の護衛任務に就き、体当たり攻撃を目の当たりにした零戦の搭乗員・笠井智一兵曹（甲飛10期）は、そのときの心境を語ってくれた。

笠井兵曹ら直掩隊は、3機の特攻機を護衛して目標海域へ向かったが敵艦を発見できず、進路を変えて米軍艦艇がひしめき合っていたレイテ湾へ向かった。ところがレイテ湾の上空は分厚い雲に覆われて眼下の視界はゼロだった。

そんなとき奇跡的にあらわれた雲の切れ間から、おびただしい数の敵艦が見えた。すると3機の特攻機はその雲間から敵艦めがけて突進を開始した。

特攻機は500キロ爆弾を積んだ艦上爆撃機「彗星」で、急降下速度は速く、護衛にあたる軽量の零戦がこの急降下についてゆくことは難しかったという。

このとき笠井兵曹らが護衛する「彗星」の1番機が突如機首を引き起こし、別の目標に向かって突進を始めたのだった。より大きな目標を発見したのである。そして今度は見事に敵艦に突入し、轟音と共に猛烈な火柱が上がった。この壮烈な特攻機の突入を目の当たりにした笠井兵曹の心情はこうだった。

「よくぞやった！　体当たりできてよかったな。次は俺の番だ。先に行って待っていてくれよ！」

これが、特攻機の突入を目の当たりにした笠井兵曹の心境だったのである。

かつて陸軍特攻隊の教官であり、自らも終戦前日に特攻命令を受けた陸軍きっての名パイロット田形竹尾准尉もこんな話を聞かせてくれた。

「出撃前、特攻隊員は仏様のような綺麗な顔でした。目が澄みきって頬が輝いておりました。彼等は皆、愛する祖国と愛する人々を守るために自ら進んで志願していったのです。戦後いわれるような、自分が犠牲者だと思って出撃していった者など一人としておりません。皆、『後を頼む』とだけ言い遺して堂々と飛び立っていったのです」

そして田形氏は、よく耳にする「特攻隊員は、本当は行きたくなかったのだ。皆『お母さん!』と叫んで死んでいった戦争の犠牲者なのだ」などという虚構をきっぱり否定した。

悲しいかな、国を愛する心が希薄な現代人の尺度で推し量れば、そう思えるのかもしれない。しかしながら、国を愛し、親兄弟をなんとしても守ろうと考えていた当時の立派な日本人からすれば、自らの生命を賭して戦うことは当然のことだったのだ。

現代に生きる我々は、現代の尺度でしか過去を見られないために真実が見えないのだ。

また田形氏から聞いた話では、出撃する前の隊員が、「教官殿!　いま歯医者に歯を治療してもらってきました!」と笑顔で語ってくれたこともあったという。死を前にして、彼は身を整え従容《しょうよう》として飛び立っていったのである。

こうした話は、陸軍飛行第244戦隊の生野《しょうの》文介大尉からも伺った。

飛行第244戦隊の自分の部隊から特攻隊員として出撃していった高島俊三少尉（陸士57期　昭和20年6月4日沖縄方面にて戦死）の思い出だった。

生野氏は回想する。

「高島少尉は、『隊長！　これは誰それからもらったマフラーです。そしてこれは誰それからもらいました』といって体中にみんなからもらった白いマフラーを巻きつけて私に見せてくれたんです。それらは武運長久を祈るマフラーでした。あのときはほんとうに涙が出たね……彼は莞爾《かんじ》として行くんだから……そして高島少尉は私に『あとは頼みます！ただいまから行ってきます！』と言って笑顔で出撃してゆきました。神様……ほんとに生き神様だったね……」

そして帝都防空任務に就いていた飛行第244戦隊が南九州に進出し、特攻隊の直掩任務に就いたとき、生野大尉は、直掩機として多くの若き特攻隊員を見送った。

生野大尉によると、誰一人として曇った顔の者はいなかったという。そして笑顔で飛び立っていった彼らの顔を思い出した生野氏は、何度も「神様です」という言葉を繰り返すのだった。いま出撃せんとする隊員達の顔は、生野氏にそう言わしめるほど晴れやかであったのだろう。

生野氏はさらに言う。

「……しかも高島少尉のお母さんがまた立派でした。戦後、私はこの部下のお参りのために倉敷の実家を訪ねていったんです。普通なら、私を見て亡くなった息子を思い出して涙を流しますよね。ところが彼のお母さんは違った。お母さんは私に『隊長さんにしっかり育てていただいたおかげで、息子はお役に立つことができました。生野さんのおかげで立派に戦死できました。これが天皇陛下からいただいた勲章です。どうぞ見てやってくださ い……』というんですよ。本当に立派なお母さんでした……」

80年前の日本人と現代に生きる日本人は、果たして同じ日本人なのだろうかと思えてならない。

本章では、航空機に搭乗して体当たり攻撃を行う航空特攻だけを紹介した。だが特攻隊は、ほかにもあったことを知っておいていただきたい。

潜水艦から出撃した人間魚雷「回天」、島影から高速で敵艦に体当たりする特攻艇「震洋」、棒の先に取り付けた機雷を海底から敵艦艇の船底に触雷させる「伏龍」、さらには輪送機を胴体着陸させて敵基地に殴り込みをかける「空挺特攻」など、日本軍は様々な特別攻撃隊をもって、物量に勝る米軍に敢然と立ち向かっていったのである。

人間魚雷「回天」の基地があった大津島の回天記念館の柱には、胸に突き刺さる特攻隊員たちの言葉が並んでいた。

国家存亡の秋　じっとしておられないのです。　安部英雄

我々は、これからの日本を背負わねばならぬ。我々がやらねば誰がやるのだ。　水井淑夫

究極の目的は唯一、祖国の勝利である。　久家稔

晴れの日は、何日後、何年後に来るか知れない。しかし必ず来る。　本井文哉

御国の御役に立ち得たる事を喜んでやって下さい。　市川尊継

いたいけな子供等を護らねばなりません。　都所静世

私は今、私の青春のまひる前を、私の国に捧げる。　和田稔

回天特攻隊員たちはこのような言葉を遺して敵艦隊に敢然と立ち向かっていったのだ。そして実戦で49基が出撃し、49人が散華したが、実は大きな戦果を挙げたのである。彼らの肉弾攻撃によって、油槽船「ミシシネワ」駆逐艦「アンダーヒル」歩兵揚陸艇LCI600の3隻を撃沈し、米軍は戦死者178人、負傷者195人という大きな被害を出している。その他、駆逐艦、輸送艦など4隻を撃破していたのである。

このように特攻隊は多大なる戦果を挙げて敵の心胆を寒からしめた。だからこそ戦後、日本を統治したGHQは、二度と日本人が立ち上がれぬよう精神面から弱体化させようと、〝特攻隊は無駄死にだった〟〝特攻隊は戦果を挙げられなかった〟という嘘を流布して史実を隠蔽したのである。このことは冒頭に紹介した米海軍ベイッ中佐の言葉がその証左であろう。

かつて筆者は、2000年（平成12）10月25日にフィリピンのマバラカットで行われた

神風特別攻撃隊の慰霊祭に参加した。「10月25日」は、関行男大尉率いる神風特別攻撃隊「敷島隊」がこの地から出撃した記念日だ。そしてこの慰霊式典会場で出会った地元フィリピンのダニエル・H・ディゾン画伯はこう語ってくれた。

「当時、白人は有色人種を見下していました。これに対して日本は、世界のあらゆる人種が平等であるべきとして戦争に突入していったのです。神風特別攻撃隊は、そうした白人の横暴に対する力による最後の〝抵抗〟だったといえましょう」

またこの同じ日にバンバン村で催された特攻隊の慰霊祭に参加していた地元サンロック高校の学生たちに話を聞いてみると、女学生の一人が、「フィリピンにも〝英雄〟はたくさんいます。ですから私達も神風特攻隊という日本の英雄をたいへん尊敬しています……」と笑顔で話してくれた。

さらに引率の男性教師は、「こうした歴史教育を通して、子供たちに国を守ることの大切さを知ってほしいのです」と語ったのである。

世界には神風特攻隊の武勇とその愛国心を讃える声が溢れているのだ。

数年前、ロシアがウクライナのクリミア半島を一方的に併合し、ウクライナ東部で戦闘が行われていた頃、靖國神社の遊就館の前に建つ特攻勇士之像の前で、特攻兵士を見上げ手を合わせている一人の若い外国人女性がいた。

私は声をかけてその訳を聞いてみた。すると彼女は声を震わせ、大粒の涙を流しながらこう言うのだった。

「もし私の国、ウクライナに日本の特攻隊員のような愛国心を持った若者がたくさん居てくれたなら、きっとウクライナはロシアに侵略されずに済んだのに……」

特攻隊の武勇は、遠く離れたウクライナ人の女性にも称讃されていたのである。

冒頭にも述べたが、特攻は軍事作戦上は邪道である。しかしながらその戦果と意義を客観的に見直し、散華された特攻隊員を顕彰すべきである。

特攻隊は、世界の人々の日本人観に多大な影響を与え、戦後も、日本に手を出すと痛い目に遭うと思わせる〝抑止力〟となって日本を守り続けてきたのだ。だが悲しいかな、安全保障感覚が麻痺した現代の日本人は、この先人たちの遺産を理解できないでいる。

１９４４年（昭和19）10月28日、豊田副武《そえむ》連合艦隊司令長官は、神風特別攻撃隊・敷島隊の突入に対し、全軍に布告した。

〝忠烈万世に燦《さん》たり〟

祖国・日本を護るために自らの尊い生命を捧げた神風特別攻撃隊の愛国心と忠誠心、そしてその武勇は、豊田長官の布告のとおり、世界でいまも燦然と輝き続けているのである。

真実9

日本の迎撃隊は
B29を485機も
撃墜していた

Ｂ29爆撃機――全長30メートル、２２００馬力のエンジンを４発搭載した11人乗りの巨大な機体は、第二次世界大戦最大の軍用機だった。

Ｂ29は、最高速度時速約６４０キロ、航続距離は９０００キロメートルという性能を持ち、胴体内には９トンもの爆弾の搭載が可能だった。さらに、自己防御のための武装も強力で、まるでハリネズミのように12・７ミリ対空機銃を10挺と20ミリ機関砲１門を搭載しており、戦闘機がＢ29を撃墜することは容易ではなかった。こうしたことからＢ29は、〝スーパーフォートレス（超空の要塞）〟と呼ばれた。

では日本軍機はなす術もなく、Ｂ29を撃ち落とせなかったのだろうか。

実は、Ｂ29爆撃機は、〝難攻不落の空の要塞〟ではなかったのである。

米国戦略爆撃調査団（ＵＳＳＢＳ＝United States Strategic Bombing Survey）の統計によれば、Ｂ29は、日本軍戦闘機と高射砲などによってなんと４８５機が撃墜され、作戦中に撃破された機体は２７０７機を数えたのだった。出撃回数は延べ３万３４０１機だったため、これに対する損失率は１・45％だが、戦死者は３０４４人に上っていたのである。戦争中に生産されたＢ29は３９７０機だったことを考えると、何とその12％もが撃墜されたことになるが、実際は完成しても実戦投入されていなかったＢ29もあったわけで、被撃墜率はさらに高かった。実はＢ29は日本の迎撃隊によりかなりの被害を被っていたのだ。

Ｂ29爆撃機による初めての日本本土爆撃は、１９４４年（昭和19）６月16日の75機による九州・八幡への空襲だった。

このとき日本軍は、24機の戦闘機と高射砲が迎え撃って、６機（不確実２機）のＢ29を撃墜し、７機を撃破するという戦果を挙げている。しかも味方の損害はゼロというＢ29初来襲の戦闘は、日本軍の〝パーフェクトゲーム〟だったのである。

この完全試合をやってのけたのが山口県小月にあった陸軍飛行第４戦隊だった。

この部隊はその後もＢ29を墜とし続け、数々のエース・パイロットを輩出している。中でも樫出勇大尉は、二式複座戦闘機「屠龍」で、終戦までにＢ29爆撃機を26機も撃墜するという大戦果を挙げた〝Ｂ29狩りのスーパーエース〟だった。

先の６月16日のＢ29初来襲の迎撃戦で樫出大尉は、八幡上空で２機（不確実１機）を撃墜しており、それ以降もＢ29撃墜記録を次々と更新していったのである。

１９４４年（昭和19）８月20日には、飛行第４戦隊が北九州に来襲した80機ものＢ29を迎え撃って23機を撃墜するという戦果が報じられた。しかもこの迎撃戦における未帰還機はわずかに３機だった。そしてこの日も樫出大尉は２機のＢ29を撃墜している。

さらに樫出大尉は、昭和20年3月27日の迎撃戦でもB29を3機撃墜、3機撃破という戦果を挙げた。

飛行第4戦隊には、もう一人のB29撃墜王がいた。

1944年（昭和19）6月16日の最初のB29迎撃戦で、B29を2機撃墜・3機撃破の戦果を挙げた木村定光中尉だ。

木村中尉は、1945年（昭和20）3月27日の夜間迎撃戦でもB29を5機撃墜・2機撃破という驚異的な戦果を挙げるなど、7月14日に戦死するまでに22機のB29を撃墜したのである。

さて樫出大尉、木村中尉が操っていた二式複座戦闘機「屠龍」だが、この機体は2人乗りの双発機で、対爆撃機仕様の戦闘機で、破壊力の大きい37ミリ機関砲を搭載し、一発でB29を仕留めることができた。さらに機体上部に斜め上向きに取り付けた2門の20ミリ機関砲でB29爆撃機を下面から撃ち上げることができる特殊戦闘機だったのである。

そしてB29の迎撃で忘れてはならないのが、帝都を守った陸軍飛行第244戦隊だ。

陸軍飛行第244戦隊は、1942年（昭和17）4月に東京の調布基地に新編された帝都防空の戦闘機隊で40機の三式戦闘機「飛燕」が配備されていた。

「飛燕」は、最高速度が時速約610キロの単座戦闘機で、武装は12・7ミリ機関砲4門を搭載したI型、12・7ミリ機関砲2門と20ミリ機関砲2門を備えたII型などがあった。

この飛行第244戦隊を率いたのは、B29爆撃機10機を含む敵機12機撃墜の記録を持つ撃墜王・小林照彦大尉だった。

「飛燕」で、高高度を飛ぶB29を迎撃するのは容易なことではなかった。

B29を5機撃墜・7機撃破したほかP51戦闘機も3機撃墜した飛行第244戦隊の第1飛行隊長の生野《しょうの》文介大尉は、かつて私にこう語った。

「私の機は、重量を軽くするために2挺の12・7ミリ機銃を外しましたね。それで破壊力の大きい20ミリ機関砲だけを積んでB29に挑んだわけです。あれは凄かった。この20ミリ機関砲はドイツのマウザー砲というやつで、砲弾が電動式で装塡《そうてん》される仕組みになっていてB29迎撃にはかなり有効でしたね」

そして生野大尉は、B29に対する攻撃方法についてこう話してくれた。

「理想的な攻撃法は、敵機の後上方からの攻撃ですが、B29に後方から攻撃をかけると、B29の銃座からもの凄く撃たれるんですよ。B29には最後尾にも機銃がありますからね……。それに後方からの攻撃は、前方攻撃とは違って自分の飛行機を敵機の速度に合わせるわけですから、相手に狙い撃ちされやすくなるんです。だから昼間の攻撃では、もっぱら正面攻撃でしたね」

生野大尉は続けた。

「B29を攻撃するのに最も被害が少なく、戦果を上げられるのは正面攻撃です。しかも、正面上方から攻撃を仕掛けるやり方です。上方から敵機めがけて突進すると自機に速度がつきますからね。B29の前方は装備されている機関銃の死角があり、こちらが撃たれにくいんですよ。それに相対速度がありますから敵機への接近時間が短く、それに敵の防御射撃にさらされる時間も短いんです。攻撃のときは、自機を10度ほど傾けて敵機の真正面に銃弾を浴びせかけ、それで一気に地面に向かって垂直に下降するわけです。こうして正面から攻撃して即座に90度の角度で下降する。この一撃離脱戦法ですと敵機の機銃攻撃をうまくかわせるんですよ」

また生野大尉によれば、夜間はB29狩りの絶好の時間帯だったという。

夜間に来襲してきたB29は、低空で飛来してきたため、これがあだとなった。

1945年（昭和20）4月13日深夜、約170機のB29が帝都を襲ったとき、生野大尉は千住上空で1機を撃墜し、さらに板橋上空で1機を撃破した。生野大尉はB29の後下方から忍び寄って銃砲弾を浴びせかける戦法でB29を仕留めていったのだった。このとき生野大尉は、少し機首を下げて戦果を確認し、敵機が火を吹いていなかったら再び機種を少し上げて敵機の下腹に弾丸を撃ち込んだという。

生野大尉はそんな夜間戦闘を振り返る。

「夜間攻撃ではかなりの戦果を挙げられたと思います。灯火管制で真っ暗ですが、B29のエンジンの赤い排気が目印となりますし、地上の探照灯に照射されて夜空に浮かび上がった巨大なB29の後下部にもぐりこんで撃つわけです。ところが昼間とは違って、後ろから攻撃をかけても夜間ではB29はなぜか撃ってこなかったんでよ。不思議だったね……。だからB29相手の夜間戦闘はやりやすかったんです」

B29の後部銃座などが反撃してこなかったのは、B29が密集して飛んでいたため、視界が悪い夜間では自機の機銃弾が味方機に当たる恐れがあったからだろう。この同士討ちを避けるために反撃の射撃を控えたのではないだろうか。いずれにせよ大編隊による夜間飛行の弱点を突いて日本軍防空戦闘機隊はB29を次々と撃ち落としていったのである。

当初、関東地区に襲ってきたB29は、関東だけでなく中京地区にも飛来するようになった。そのため飛行第244戦隊は、東京と名古屋の中間に位置する浜松基地に進出して迎撃態勢を整えた。

　1945年（昭和20）1月3日、約90機のB29大編隊が名古屋・大阪に向けて飛来してくるという情報が戦隊本部に入った。

　ところが第10飛行師団司令部からは何の命令もない。加えて小林戦隊長が出張で不在だったため、先任飛行隊長・竹田五郎大尉は独断専行で出撃命令を下し、その結果、戦隊は5機のB29を撃墜し、7機を撃破するという大戦果を挙げたのだった。しかも我が方の損害はゼロ。飛行第244戦隊の完全勝利であった。

　この大戦果によって竹田大尉は東部軍司令部から表彰され、このときちょうど不在であった小林戦隊長は日記にこう書き記している。

「一月三日
敵機、中京地区に来襲。余は要務に依り、調布に飛来しありしため、戦斗せず。残念なりき。

部隊の戦果。撃墜五、撃破七、損害なし。新年を飾る大戦果なり。

先任飛行隊長、竹田大尉に表彰状授与さる。愉快なりき」

　このように飛行第244戦隊は、来襲するB29の大編隊に挑み続け、そして目覚ましい戦果を挙げたことから、5月15日には第1総軍司令官・杉山元《はじめ》元帥より感状が贈られた。

このとき飛行第244戦隊の戦果は、敵機撃墜84機、撃破94機を記録していたのである
同戦隊には、11機ものB29を撃墜した白井長雄大尉、同9機撃墜の市川忠一大尉など〝B29キラー〟が多数在籍しており、戦隊は、終戦までに数多のB29を叩き堕としていったのである。

そして忘れてはならないのが、B29に対する体当たり攻撃を専門とする「はがくれ隊」だ。

飛行第244戦隊の中に編成されたこの部隊は、B29に対して体当たり攻撃を仕掛け、パラシュートで脱出するという決死隊だったのである。

飛行第244戦隊の先任飛行隊長・竹田五郎大尉はこの特殊任務部隊についてこう語る。

「特別攻撃隊に使われた『飛燕』は、防弾板はもちろんのこと、機関砲もすべて取り外されて、機体を武器として文字通り肉弾攻撃をかけたんです。四宮中尉の場合は、B29の尾翼に自機をぶつけたんです。それで相手の尾翼をもぎ取ったんですが自機も主翼の半分をもぎ取られ、それでも片翼で帰ってきたんですよ。それともうひとり、B29に〝馬乗り攻撃〟をかけた中野伍長ですが、彼に聞いたところ、彼はB29の後方から突っ込んでいって機体を引っ張り上げたら、そうしたらB29の上に乗っかっちゃったというような感じだったそ

うです。実はこの中野伍長は2度体当たり攻撃して2度とも生還しているんですよ。そしてもう一人、B29に二度体当たり攻撃をかけて生還したのは板垣伍長です」

ここに登場する中野松美伍長と板垣政雄伍長は、共に陸軍少年飛行兵11期で、当時20歳という若いパイロットだった。驚くべきことに二人は、それぞれ2度も体当たり攻撃でB29を撃墜しながら、見事に生還を果たしたのである。

1944年（昭和19）12月3日、飛行第244戦隊は、86機のB29の大梯団《ていだん》を迎え撃ち、6機のB29を撃墜する戦果を挙げたが、うち3機は「はがくれ隊」の体当たり攻撃によるものだった。

板垣伍長は、編隊の最後尾を飛んでいたB29の前上方から体当たりし、敵機に激突した瞬間、その衝撃で空中に放り出され、落下傘が奇跡的に開いて生還したという。

そのときの攻撃について板垣氏は私にこう語ってくれた。

「……あの時は、どうやってB29にぶつかってやろうかという思いだけで、『怖い』とかそんなことは思わなかったです。生きるとか死ぬとか……そういうことは考えなかったですな。あの日の戦闘では、B29よりも確か100メートルか200メートルほど高い高度をとって真正面から突進したんです。……その瞬間のことはよく覚えていませんが、なんだ

かその衝撃で操縦席から放り出されてしまって……落ちてゆく途中で意識を取り戻したんです。」(板垣氏)

そして中野松美伍長は、この時の戦闘で豪快な体当たり攻撃によって敵機を葬った。このときの戦闘の様子については『陸軍飛行第244戦隊史』に次のように記録されている。

《中野伍長は数度の体当り失敗の後、十五時三十分頃、印旛沼北方高度九千五百メートル付近で十二機編隊のB29の編隊長機に対し後下方から接近、敵機の左昇降舵を自機のプロペラで嚙《かじ》った後、敵機の背に乗り上げていわゆる『馬乗り体当り』を敢行した。これによりB29は墜落していった。この武勇伝は、後日新聞によって喧伝されることになる。

中野機はエンジンが停止した滑空状態となったが、茨城県稲敷郡太田村の水田に不時着し、中野伍長は頭に負傷したものの無事だった》

ちなみに不時着した中野伍長の乗機は、しばらく日本橋三越百貨店の屋上に展示され見物客で賑わったという。

この二人の英雄に対し、後に「武功徽章乙」が授与され、両伍長は、そろって軍曹に昇進した。

加えてこの対空特別攻撃隊はこの日の武勲により「震天制空隊」と命名されたのである。

震天制空隊の隊長・四宮中尉は、対艦特別攻撃隊「振武隊」に熱望して転出し、1945年（昭和20）4月29日に知覧から沖縄方面に出撃して散華した。そして、震天制空隊の創設メンバーだった吉田竹雄曹長は、1944年（昭和19）12月27日の迎撃戦で、B29に体当たりして壮烈な戦死を遂げている。

四宮中尉の後任として震天制空隊の隊長を務めた高山正一少尉と、丹下充之少尉は、1945年（昭和20）1月9日の迎撃戦で見事B29への体当たりに成功して2機を撃墜した。だがこのときの戦闘では、丹下少尉が敵機もろとも散華した。

同年1月27日、この日は70機のB29が東京を襲った。このとき戦隊は総力を挙げて迎え撃ち、これまでで最多の7機がB29に体当り攻撃をかけたのである。

その中の一人が小林照彦戦隊長だった。

小林戦隊長は、敵機の攻撃中に別の敵機に激突した際、自機も空中分解したが落下傘で生還した。ところがこの戦闘で高山少尉が散華した。

そして板垣軍曹と中野軍曹は、再び敵機に体当たりしながらまた生還したのである。

このときの体当たり攻撃について板垣軍曹はこんな感想を語ってくれた。

「2回目の体当たりのときは、B29の後方からぶつかっていったんです。自機のプロペラで、B29の巨大な方向舵と昇降舵をガリガリとやったんです……そのときは、『ああ、やったぞ！』という思いだったですね」（板垣氏）

B29は11人の乗員が乗り組んでいる。したがって1人乗りの「飛燕」が体当たりして撃墜すれば、11倍の敵と刺しちがえることになる。そのことからも、当時言われていた〝一人十殺〟というのは単なる掛け声ではなかったのだ。

終戦までに飛行第244戦隊は、約100機ものB29爆撃機を撃墜した。日本防空部隊によるB29の撃墜数が485機だから、撃墜されたB29のおよそ5分の1は、陸軍飛行第244戦隊の戦果だったことになる。

B29迎撃戦では、この飛行第244戦隊をはじめ、冒頭に紹介した陸軍飛行第4戦隊や飛行第5戦隊が大活躍したが、その他にも、陸軍飛行第70戦隊（千葉県・柏）もB29迎撃戦で大きな戦果を上げていることを紹介しておきたい。

この戦隊には、二式戦闘機「鍾馗」でB29を9機撃墜した河野涓水大尉、同じく7機撃墜の記録を持つ小川誠少尉、同6機撃墜の吉田好雄大尉などがいた。

特筆すべきは、飛行第70戦隊が終戦までに撃墜・撃破した敵機は約120機を数え、損害がわずかに戦死8名、殉職者9名だったことであろう。飛行第70戦隊は本土防空戦で圧倒的な強さを誇った陸軍飛行隊だったのである。

そしてこのほかにも陸軍飛行戦隊には、5機以上のB29を撃墜した記録を持つ〝B29キラー〟が数多くいたことも添えておきたい。

本章では、海軍航空隊の活躍について紙幅を割けなかったのだが、もちろん海軍航空隊もB29迎撃に大活躍している。とりわけ、腕利きのパイロットを集めて対戦闘機戦闘を主任務としたエリート部隊「第343航空隊」など防空戦闘機隊が数多くのB29を撃墜している。

大東亜戦争において、B29の来襲に対し日本軍は手も足も出なかったなどと思われているが、決してそうではなかったのだ。日本軍戦闘機部隊は、日本本土に襲い掛かって来たB29を迎撃し、大きな戦果を挙げていたのである。

真実10

最後まで米軍機を震え上がらせた「剣部隊」

大東亜戦争末期の航空戦では、日本軍機は優秀な米軍機に圧倒され、手も足も出なかったかのように思われているふしがある。

たしかに戦争末期に登場した米軍機は、それまでの日本陸海軍よりも頑丈で攻撃力・防護力も高かった。その性能もさることながら、来襲する米軍機の数は、これを迎撃に上がる日本軍機の数を圧倒し、その梯団を追い払うなど不可能だった。

だがそんな米軍の前に立ちはだかった〝エリート戦闘機部隊〟があった。

選りすぐりのパイロットと新鋭戦闘機「紫電改」（紫電21型）で編成された第343海軍航空隊――通称〝剣《つるぎ》部隊〟である。

この航空隊は、大東亜戦争末期の1944年（昭和19）12月に、かつて真珠湾攻撃の航空参謀だった源田実大佐（戦後、航空自衛隊第3代航空幕僚長・参議院議員）を司令とし、南方各地で活躍する凄腕のエース・パイロットを集めて新編した本土防空戦の切り札だったのである。

源田実大佐は戦後、このエリート部隊の創設についてこのように回想している。

《なぜ、戦争に勝てないのか――十九年の後期にいたって、私はつくづく反省してみた。究極的にでてくる答えは、制空権の喪失ということであった。これらをさらに結論づけると、戦闘機が負けるから戦争に負ける、ということになる。したがってなによりもまず、敵の戦闘機をせん滅しなければならないと考えた。……（中略）……

さて、こうした状況下にあって、私はなんとしかして精強無比な戦闘機隊をつくりあげ、徹底的に相手をたたくことによって、制空権の奪回をはかり、その怒涛のような敵の進撃をくいとめなければならない、と考えるようになった。

私の考えは、さいわい軍令部に受けいれられることになった。そして、その指揮官役を私みずから買って出たのである。これが、松山に基地をおき、紫電改で身をかためた三四三航空隊発足のそもそものはじまりである》（潮書房『丸』エキストラ版11月号より）

第343海軍航空隊（通称〝剣部隊〟）――。

源田実大佐が司令を務め、飛行長には、真珠湾攻撃、ミッドウェー海戦を経験してきた歴戦の勇士・志賀淑雄《よしお》少佐が就いた。

そして隷下には3個戦闘飛行隊（301飛行隊・407飛行隊・701飛行隊）と偵察第4飛行隊、そして1945年（昭和20）2月には若年パイロット錬成のための401飛行隊が加わった。

3個戦闘飛行隊には最新鋭戦闘機「紫電改」が合わせて48機配備され、それぞれ名指揮官たちが隊長を務めた。

第301飛行隊を率いたのは、かつて南方で機体に黄色い帯を描いていたことから、敵に〝イエローファイター〟と恐れられた撃墜王・菅野直大尉（最終の個人・共同撃墜72機）、第407飛行隊は、ラバウル航空戦の英雄・林喜重大尉が率いた。そして第701飛行隊の隊長は、ラバウルおよびフィリピンで活躍した名指揮官・鴛淵《おしぶち》孝大尉だった。

そしてこの3つの飛行隊には、南方戦線で大活躍したスーパースター達がずらりと顔を並べていた。

120機撃墜のスコアを持つスーパー・エース・杉田庄一上飛曹（戦死後・少尉）をはじめ、〝空の宮本武蔵〟と呼ばれた武藤金義少尉、ラバウル航空隊で大活躍した宮崎勇少尉や本田稔兵曹、支那事変から戦い続けた松場秋夫中尉や坂井三郎中尉など、日本海軍の凄腕の〝撃墜王〟が集められていたのである。日本軍の歴史の中でこのような部隊編成を行なった例は、後にも先にもこの剣部隊以外にはない。

中でもずば抜けた空戦技術を持った撃墜王の本田稔少尉（407飛行隊）は私にこう話してくれた。

「よくこれだけ集めたなという気持ちでしたね。なんと343空には、ラバウルで一緒に戦った宮崎さんや松場さんという腕のいい歴戦のパイロットがおられて、懐かしいというかなんというか……。とにかく、『よしこれならラバウルの時のようにもう一度、敵に一泡ふかしてやれるぞ！　敵を叩けるぞ！』という、言い知れぬ闘志が湧いてきたことを覚えています」

通称〝剣部隊〟と称した第３４３航空隊の隷下部隊にもそれぞれ名称が付けられており、第７０１飛行隊は「維新隊」、第４０７飛行隊は「天誅隊」、そして第３０１飛行隊は「新撰組」だった。

パイロット育成のための練成飛行隊たる第４０１飛行隊（隊長・浅川正明大尉）は「極天隊」、偵察第4飛行隊（隊長・橋本敏男大尉）は「奇兵隊」だった。ちなみにこの偵察飛行隊は、当時最新鋭だった艦上偵察機「彩雲」で編成されていた。

パイロットも戦闘機も一流だったが、戦い方も新しい戦法が採用された。

剣部隊は、それまでの単機による格闘戦ではなく、米軍やドイツ軍と同じく「2機編隊」による戦法をとった。この思い切った戦術転換は米軍を驚かせた。剣部隊の初陣となる3月19日の戦闘で、空母「ベニントン」艦載機のモブリー少佐は、その戦闘報告書にこう記している。

《日本軍戦闘機の戦技は標準的なアメリカ軍の戦技ときわめてよく似ていた。敵機は四機あるいは二機ごとに組んで攻撃してきた。攻撃はすべて連携がよくとれていて、ほとんどが二機編隊によるものだった。敵機はわれわれが旋回の外側にいるところを叩いてきた。彼らの射撃と操縦技倆は、我が飛行隊のパイロットがこれまで見た最高の技倆と同程度に優れていた。対戦したパイロットは、明らかに日本軍航空部隊の精鋭であった》(『源田の剣』ヘンリー境田・高木晃治共著/双葉社)

歴戦の勇士が集められた剣部隊にとって最新鋭戦闘機「紫電改」はまさに〝鬼に金棒〟だった。

本田氏は「紫電改」についてこう話してくれた。

「紫電改はほんとうにいい飛行機でしたね。紫電改はその名前のとおり紫電の改良型ですが、まったく別の機体でした。胴体は紫電より細く、それまでの中翼が低翼になって視界もより良くなり、なんといっても操縦性が抜群に向上したんです。それに、機体が大きく変わったことで、これまでの自動空戦フラップはさらに性能が向上して、飛行性能は高まりました。これは低速になるとグッと利いてきますからね。紫電改の機体重量は零戦に比べてずっと重いんですけれど、零戦と変わらんぐらいに舵はよく利くんです。抜群の操縦性でしたね。これまでになかった防弾装置もついていたので被弾しても火が出ませんでしたし、風防の前面ガラスも厚い防弾ガラスでしたから、パイロットを守ることも考えられていたんです」

本田氏が語る「自動空戦フラップ」とは、空戦時にかかる「G」に対応して自動的にフラップが動き旋回半径を小さくするという画期的なシステムであり、この新技術によって戦闘機の運動性能は抜群に向上して米軍パイロットを驚かせたのだった。

事実、米空母「エセックス」の艦載機の戦闘報告書には次のように綴《つづ》られている。

《日本機は、真後ろからの射撃をかわせるようにうまく出来ている。敵機の翼からフラップが飛び出て、F6Fは前にのめった》(『源田の剣』)

しかも「紫電改」の武装は強力だった。20ミリ機関砲4門という重武装で、1門あたり200発、合計800発の機関砲弾を搭載していた。

一方米海軍のF6F「ヘルキャット」やF4U「コルセア」は、12・7ミリ機銃を6挺(左右3挺づつ)搭載しており、1挺あたり400発、合計2400発の機関銃弾を搭載していた。つまり米軍機は紫電改の3倍の銃弾を搭載していたのだが、「紫電改」の20ミリ機関砲弾は破壊力が大きく、1発で敵機を撃破できたため、腕利きの搭乗員を集めた343航空隊には打ってつけだった。

10機撃墜の記録を持つ戦闘301飛行隊の笠井智一兵曹はこう語ってくれた。

「20ミリ機関砲は、初速が遅いので『ド、ド、ド、ド、ド、ド』という具合に発射されるんです。これが4門搭載されていましたが、最初から4門同時に撃つことはありませんでした。まずは2門で撃って、それから必要に応じて4門に切り替えるんです。とにかく20ミリ機関砲の破壊力は抜群でした。20ミリ機関砲弾は、当たり所によっては3—4発で敵戦闘機は空中爆発しますし、それでなくても相手に致命的な損傷を与えることができましたから、米艦載機との空戦に勝つ自信はありましたね」

さらに「紫電改」は機上無線が使えた。それまでの日本軍機の機上無線は性能が悪く、あまり役に立たなかった。だが「紫電改」に搭載されたものは味方機同士および地上の指揮所との交信もできるように改善されていたのだ。

しかも燃料タンクは防弾が施されており、おまけに被弾時に備えて自動消火装置まで装備されていた。このように「紫電改」は、日本軍機の抱えていた問題点を改善した傑作機だったのである。

本田氏はしみじみと言った。

「『紫電改』ならF4UやF6Fと互角に戦えましたから、あともう半年早く登場していたら良かったのに……と思いますよ……」

なるほど半年前ならば、米軍のレイテ島上陸の前であり、フィリピンの戦いの趨勢は少し違ったものになっていたかもしれない。ひょっとすると1944年（昭和19）10月25日に始まった「神風特別攻撃隊」も、「紫電改」の登場で見送られたかもしれない。そう考えれば本田稔氏の「もう半年早ければ」という言葉に大きくうなずける。

昭和20年3月19日、敵機動部隊の艦載機が本土に来襲する情報が入るや、源田司令はこう訓示した。

「今朝、敵機動部隊の来襲は必至である。わが剣部隊は、この敵機を邀《むか》え撃って痛撃を与える考えである。目標は敵の戦闘機隊だ。爆撃機などには目もくれるな。一機でも多くの敵戦闘機を射落すように心掛けよ。古来、これで十分という状態で戦を始めた例は一つもない。目標は敵戦闘機！」

そして偵察機「彩雲」から敵情報が入った。

「敵機動部隊見ユ、室戸岬ノ南三〇浬《カイリ》、〇六五〇」

これを受けて戦闘701飛行隊16機・戦闘407飛行隊17機・戦闘301飛行隊21機の合計54機のエンジンが一斉に始動した。

続けて索敵中の偵察機「彩雲」から入電。

「敵大編隊、四国南岸北上中！」

源田司令はただちに発進を命じた。

〝サクラ、サクラ、ニイタカヤマノボレ〟

開戦劈頭《へきとう》の真珠湾攻撃時に用いられた、かの「ニイタカヤマノボレ」の暗号電文が、再び使われたのである。

迎撃に上がった343航空隊は、上空約5000mで態勢を整えて敵機を待ち構えた。

「アラワシ、アラワシ、敵発見、攻撃用意！」

敵編隊は約1000メートル低い高度を飛行しており、54機の「紫電改」は絶対優位のポジションから猛然と襲いかかったのである。この模様は地上からも観戦できたといい、松山基地に残った隊員達はその空中戦を、固唾をのんで見守った。

本田稔氏はこう回想する。

《紫電改の二十ミリ機銃四門がいっせいに火を吹く。次の瞬間、私がねらいをつけたグラマンはパッと白い煙を吐いた。と、翼が飛散し空中分解を起こして墜ちていった。「紫電改」の火力のすごさをものがたる見事さであった。同時にもう一機が黒煙を吐いているのが私の視野に入った。列機の誰かが撃ったのであろう。一降下すると敵の編隊は乱れ、やがて彼我入り乱れての乱戦となった。敵味方の曳航弾が激しく飛び交う中を私の区隊はがっちりと編隊を組んだまま二度目の攻撃を加えようと態勢を整えた。

よく見ると小癪にも敵四機編隊が攻撃態勢に入っている。全く同位である。ここは鍛えた腕のみせどころとばかり激突寸前まで接近し、敵の機銃が火を吹くと同時にいっせいに体をかわし、小まわりのきかないグラマンを一旦やり過ごし急反転、わが方の態勢を有利にもち直して敵に追撃をかけた。この時は敵を後上方から襲う形になり、最も優位な姿勢であった。再び「紫電改」四機、十六門の二十ミリ機銃弾が逃げる四機のグラマンを追いかける。やがて後部の二機から黒煙が流れ出し機首を下げて突っ込みはじめた。この第一編隊はどうしても叩きのめさねばならないと執念を燃やしていたので、さらに逃げる二機を執拗に追いかけ、うしろの一機に尾翼から胴体をなめるように銃撃を加えた。これはくるりと横転したかと思うと次の瞬間、錐もみ状態となって墜ちていった。残る一機も誰かが撃ったとみえて派手に煙を出したなと思ったら、パッと黒い塊が落ちて行った。パイロ

ットの落下傘であった》(『本田稔空戦記』光人社NF文庫)

本田稔兵曹の2番機を務めたのが小高登貫兵曹で、343航空隊へ着任した時にはすでに敵機撃墜約100機(共同撃墜を含む)、および潜水艦2隻撃沈というスーパー・エースだった。そんな小高兵曹がこの時の空戦の模様をその著書『わが翼いまだ燃えず』(甲陽書房刊)でこう回想している。

《「突撃開始!」

りんとした林隊長の声が入った。

機上無線は混乱を防ぐため飛行隊長、中隊長、小隊長らだけが「送」、あとは「受」の位置に切り替えてある。

いよいよ戦闘開始だ。

いっせいに空戦フラップを空(自動)に切りかえる。ただし、ベテランは手動のままで、使いたいときだけ使えるようにしておく。

これまで整然としていた編隊がくずれ、にわかに生き物のように動き出した。各四機の区隊は二機、二機の戦闘隊形となり、先頭小隊がまず猛然と突っ込んだ。

ダダダダダダダー。

灰色の雲を背にして「紫電改」の翼から射弾が、つーっと伸びていくのがありありと見える。敵にとっては恐るべき火箭《かせん》の束なのだ。

と、見るまにグラマンが一機、二機と墜ちてゆく。まさに紫電一閃、名刀の冴えにもにた鮮やかな攻撃だ。

このとき私たちの小隊はまだ上空にいたが、やっと番がまわってきた。相手にとって不足なしのグラマン四機である。場所もすでに松山南方上空に移っていた。

小隊は、すばやく切り返した。真下のグラマンの青黒い翼には、米軍の星のマークが、くっきりとえがかれている。

後上方からの攻撃で、高度差は一〇〇〇メートルある。F6Fの一機を照準器に、ぴたりと入れた。距離八〇〇、五〇〇、三〇〇、二〇〇、私は思いきり発射レバーをにぎった。弾丸が吸いこまれるように敵機に命中する。

やったぞ！

思わず叫んだその瞬間、グラマンは白煙をふいて横にねじれながら、松山南東の山中に突っ込んでいった。

と、横を見れば区隊長の本田稔少尉も、確実に一機を撃墜したらしい。火をふいて山中に突っこんでいくのが見られた。

私は上昇のまま、つぎのグラマンをさがしもとめた。すると、私の目にめずらしくもあり、またなつかしいF4U「コルセア」の編隊が後続してくるのが望見された。

「よーし、この野郎め！　ほんとうに久し振りだ。これも血祭りだ」と、即座に切り返し、急反転の体勢でやや斜後方からF4Uの一機に食いついた。

射程二〇メートルまで接近して機銃を連射したが、敵は私の近寄ったのにまったく気づかなかったらしい。水平飛行のまま、命中と同時に黒煙を吹いた。また一機撃墜だ。

上昇しながら次の敵影をさがし求めたが、後方には一機の敵影も見あたらない。

どうやら私たちの小隊が攻撃したのは、敵編隊の最後尾だったらしい》（碇義朗著『戦闘機「紫電改」』白銀書房）

空母「ホーネット」のF6Fヘルキャット戦闘機隊VBF-17第2小隊長のワイス大尉は、この空中戦闘のことを語っている。

《日本機の編隊に突っ込まれ一撃をかけられると、味方のおよそ半数が撃墜されるか、戦闘不能になっていた。我が機の胴体落下タンクは燃えており、胴体と翼には穴が幾つかあいていた。ぼくはタンクを捨て、火を消すために急降下した》（『源田の剣』）

こうしてVBF－17飛行隊は叩きのめされ、岩国基地への攻撃を断念せざるを得なかった。

この飛行隊の戦闘報告書には「かつて経験したことのない恐るべき反撃を受けた」として、次のように記録されている。

《この大空中戦に参加した当飛行隊員のなかでも戦闘経験の深いパイロットの意見では、ここで遭遇した日本軍パイロットは、東京方面で出遭ったものより遥かに優れていた。彼らは巧みに飛行機を操り、甚だしく攻撃的であり、良好な組織性と規律と空中戦技を誇示していた。彼らの空戦技法はアメリカ海軍とそっくりだった。この部隊は、戦闘飛行の訓練と経験をよく積んでいると窺《うかが》えた》（『源田の剣』）

敵戦闘機隊は剣部隊にこてんぱんにされ、なんとか母艦にたどり着けても着艦時に大破するなどしたため海中投棄された機体もあった。大損害を被った米軍は、こんな精強部隊がまだ日本に残されていたことに驚愕し、新鋭機「紫電改」に細心の注意を払うよう指示を出した。いずれにせよ「紫電改」の強さは、米軍パイロットの度肝を抜き、彼らを恐怖のどん底に陥れたのだった。

３４３航空隊は初陣で、敵機撃墜57機（グラマンＦ６ＦヘルキャットおよびチャンスボードＦ４Ｕコルセア53機／カーチスＳＢ２Ｃヘルダイバー４機）という大戦果を上げたのである。我が方の損害は13機だった。

剣部隊の大勝利だった。この大戦果の中でも、偵察機「彩雲」１機が、体当たりして敵戦闘機２機を道連れにしたのである。

飛行長・志賀淑雄少佐は、この３月19日の戦いを『三四三空隊誌』に次のように記している。

――かくて松山基地見張員が上空に敵編隊を発見し、地上から無線電話で「敵編隊、飛行場南西、高度四〇〇〇」と通報した時は、既に直援隊山田良市大尉も発見しており、上空支援の位置を占め、総指揮官戦闘七〇一隊長鴛渕大尉からは「我既に敵を発見、空戦に入る」と平素と変わらない明るい張りのある声が無線電話で地上に返ってきた。

敵は多い。翼を拡げ列をなして堂々の進撃であった。

既に山田直援隊支援の下、維新隊十六機は整々果敢の編隊攻撃に入り、各機二十粍四挺の弾雨を集中する下で、Ｆ６Ｆが一機また一機と火を噴きながら編隊から脱落して行く様は、正に念願の快挙であった。それはまた、かつて零戦隊が太平洋を制した往時の姿が、今ここに甦るかの如き紫電改初陣の姿でもあり、司令以下粛然と空を注視し、一同暫し無言であった。――『三四三空隊誌』より。

かくして第343航空隊は、損害13機と引き換えに、敵機撃墜57機なる大戦果を収めたのであった。むろんこの大戦果の報に、本土空襲など蔽《おお》いきれない劣勢に意気消沈していた当時の日本国民は歓喜した。そしてこの武勲はたちまち上聞に達し、第343航空隊は、聯合艦隊司令長官・豊田副武《そえむ》大将から感状が授与されたのである。

昭和二十年三月十九日敵機動部隊艦上機ノ主力ヲ以テ内海西部方面ニ来襲スルヤ松山基地ニ邀撃《ようげき》シ機略ニ富ム戦闘指導ト尖鋭果敢ナル戦闘実施トニ依リ忽ニシテ敵機六十余機ヲ撃墜シ全軍ノ士気ヲ昂揚セルハ其ノ功顕著ナリ仍テ茲ニ感状を授与ス。

昭和二十年三月二十四日

聯合艦隊司令長官　豊田副武

昭和20年3月末、沖縄戦が始まるや、陸海軍は九州南端の基地から特攻機を繰り出して米軍を撃ち払おうと総力を挙げて戦った。そこで343航空隊は、松山から鹿屋基地に移駐して特攻機の突撃路の啓開任務を担うことになった。

笠井智一兵曹によると、レーダーで日本軍機の動きを察知して待ち構えていた米軍機と必ず喜界島上空で空中戦になったが、３４３航空隊は敵機に大きな被害を与え続けていたという。

4月12日の特攻機掩護の空戦の様子を笠井兵曹はこう振り返る。

《このときは、逃げてゆく敵機に10連射ぐらい浴びせました。ちょうど2、３連射目で、私の撃った20ミリ機関砲弾が敵機に当りはじめ、エンジン付近から煙を吹きはじめたので、『やったぞ！』と思ったんです。高度は１０００m～２０００mだったと思います》（『源田の剣』）

さらに笠井兵曹は左下方に3機編隊で飛ぶＦ６Ｆを認め、上空から襲いかかった。

笠井氏はこう述べている。

《もう敵味方入り乱れての凄い混戦状態でした。追いつ追われつの戦闘となり、私の前をグラマンが右旋回しようとしたので、そいつめがけて後方から5、６連射したら、操縦席に命中したんでしょうな、敵機の搭乗員がのけぞるようにしたのが見えました。そして黒煙を吐いて降下していったんです》（『源田の剣』）

この日、３４３航空隊は、Ｆ６Ｆヘルキャット20機（内不確実２機）およびＦ４Ｕコルセア3機（内不確実1機）の合計23機撃墜（内不確実3機）の戦果を挙げた。損害は10機だった。

その後、343航空隊は、4月に国分（鹿児島）に移った後、大村（長崎県）に移駐した。もうこの頃は艦載機だけでなく、B29爆撃機の迎撃も行ったのである。

第407飛行隊の本田稔少尉はこういう。

「どうやってこの大型爆撃機を攻撃すべきか、その戦法についてあれこれと研究しました。そこで我々が編み出したのが、B29の直上から、コクピットめがけて真っ逆さまに撃ちおろしながら敵機の鼻っ先をかすめて下方に抜けてゆく戦法でした。この戦法ですと、4門の20ミリ機関砲が敵機のコクピットに降り注ぎますし、しかもハリネズミのようなB29の対空火器の死角となって、あまり敵の機銃弾が飛んできませんでした。ただこの攻撃は少しでも計算が狂うと、そのまま直上から敵機に激突してしまいますから高い技量が求められる攻撃方法でした」

343航空隊は、4月の戦闘でB29爆撃機を3機撃墜したのを皮切りに、〝超空の要塞〟と言われたB29を次々と撃ち墜していったのである。

4月29日、121機ものB29が九州各地を襲ったとき、菅野大尉率いる第301飛行隊が主力となってB29の大梯団を迎え撃った。

このときの様子を第407飛行隊分隊長・市村吾郎大尉は『三四三空隊誌』にこう綴っている。

《菅野機を先頭に、B29編隊の直上方から矢のような突撃に入るのが確認されたが、つぎの瞬間B29の一機がまるで高速度撮影のフィルムをスローで見るように右のエルロンの内側のヒンジ一つがはずれて飛び散り、同時にあの大きなB29がゆるやかに大きなきりもみ状態で落下してゆくではないか。本当に二十粍機銃の一撃がこれほど威力のあるものかと痛感したことはない》

このとき「紫電改」は、新兵器「対B29用ロケット弾」でもB29を撃墜している。

市村大尉は続ける。

《大村基地を発進していくばくもなく、北九州福岡の東方でB29の大編隊を発見。この中の一つの梯団に対して同時徹底攻撃をするように無線指示があり、戦闘七〇一はB29の編隊に対して同高度反航ロケット攻撃のため全速で敵編隊の前方に急行、戦闘三〇一、四〇七は直上方攻撃のため戦闘七〇一に続いて全速上昇し、敵編隊の右上方数百米にて同行。敵編隊に支援戦闘機のいないことを確認する。

やがて総指揮官機が数千米前方で反転、全機突撃の指示があり、隊形上飛行隊のしんがりを飛行していた我が隊が、Ｂ29に対して最初に直上方攻撃をするようになった。先ずまっ先に眼に入ったのはＢ29編隊の前方に炸裂したロケット弾の真白い爆煙、同時にかすかにみだれる敵編隊の隊形、この時、私を含む数機は一撃を終り、敵編隊の真下にあって紺碧の大空に輝く銀色の四発大型機を見れば、我が隊の攻撃が功を奏したのか、翼中央より数条の煙霧を後方数十米にたなびかせガソリンの漏洩を続けていた。

つぎからつぎと攻撃する味方機の前に、ふたたび高度をとり、左後下方にＢ29の編隊を見たときには、数機が火のかたまりとともに北九州の山中に墜落していった。》

Ｂ29爆撃機との空中戦闘は、４月17日から５月11日まで続き、３４３航空隊は、合わせて21機ものＢ29爆撃機を撃墜したのだった。一方、３４３航空隊の被害は、空中戦闘で３名の搭乗員を失った（地上で搭乗員一名を含む24名が戦死）。「紫電改」は対Ｂ29爆撃機に対しても圧倒的強さを誇っていたのである。

事実、５月４日から11日までの戦闘では、９機のＢ29爆撃機を撃墜しながら、第３４３航空隊の「紫電改」の損害はわずかに１機であった。

昭和20年5月中旬、林喜重大尉がB29との戦闘で戦死し、後任として第407飛行隊の隊長となったのが林啓次郎大尉だった。

林大尉が343航空隊の総指揮官として初めて出撃したのが6月2日の迎撃戦で、敵は、九州南部の知覧・出水の特攻基地を叩きに来た空母「シャングリラ」のF4Uコルセア隊（総指揮・第85空母航空隊司令W・A・シェリル中佐）だった。

鹿屋上空高度6000メートル、眼下にF4Uコルセアの編隊を発見。林隊長はバンクを振って列機に合図を送り、隊長機を先頭に16機の「紫電改」が猛然と襲いかかった。本田稔氏は、このときの様子を、『本田稔空戦記』の中で次のように記している。

《各小隊は格好の目標を定め、高度千、五百、百と近づき、いっせいに二十ミリ機銃を発射して完全な奇襲をかけ、F4Uを片っ端から撃墜してしまった。この時三〇一飛行隊は上空警戒に当たっており、我々の攻撃を見ていたが、その前方にさらにF4U八機がゆうゆうと飛行しているのを発見してこれを奇襲し、その五機を墜としたのである。この日、わが方は二機の未帰還機があったが、十八機にのぼる敵艦載機を撃墜した》

本田兵曹は、この奇襲の第一撃で敵編隊の約半数を撃墜破したとみており、自身もF4U1機を撃墜している。そして本田氏は、この時の戦闘を私にこう話してくれた。

「いや～〝あの戦争〟は、あまりにも楽に敵機を墜とせたので今でもよく覚えております。あんな楽な戦いは、後にも先にもなかったんじゃないですかね。敵はまったくこちらに気付いていなかったと思いますよ。我々と敵編隊との高度差は２０００ｍで、我々が上空から一撃を加えたら、敵は〝編隊のまま墜ちた〟という感じでした」

本田氏は空戦のことを〝戦争〟と表現していた。

６月２日の空戦も３４３航空隊の大勝利だった。

戦後、航空自衛隊が発足した１９５４年（昭和29）、源田実元３４３空司令が渡米したときに、米海軍第85戦闘飛行隊からこの日の勝利を称えて銀のプレートが贈呈されている。

このプレートにはこう彫られていた。

343KU
IMPERIAL JAPANESE NAVY
JUNE 2. 1945
YOU WON THE DAY
VF-85
UNITED STATES NAVY

完敗した米海軍85戦闘飛行隊（VF－85）から「1945年6月2日、あの日は貴方達が勝った」と343航空隊の完全勝利を讃える言葉が添えられていたのである。

"YOU WON THE DAY"

この称賛の言葉がすべてを物語っている。

このプレートは現在、海上自衛隊鹿屋基地の鹿屋航空基地史料館に展示されている。

米軍は343航空隊との戦いをどう見ていたのか。

米海軍第38機動部隊指揮官ジョン・S・マッケーン中将から各空母航空隊司令宛てに機密の電信通達が発信された。

《全搭乗員に徹底せよ。最近九州南部上空において、経験を積み熟練した敵戦闘機隊に遭遇した。ジョージ（紫電のこと）、零戦、疾風、雷電あるいはトニー（飛燕または五式戦）とも識別される最新型の高性能機を装備し、とくに対空母機戦闘の訓練を積み、疑いなくレーダー管制下の迎撃態勢にある。この型の飛行機は、場合によりコルセアに匹敵する高速の上昇力を持つと認められる。この戦闘機隊は、緊密な二機および四機編隊、果敢な攻撃性、連携のとれた攻撃性を特徴とする。この練度の高いアクロバットチームと交戦した我が軍パイロット、殊に特攻機あるいは爆撃機を相手に容易な撃墜に慣れ、自信過剰となり警戒心をおろそかにした搭乗員はショックを受けている》(『源田の剣』)

そしてこの通達の中で、「紫電改」への対抗策として、編隊を崩さず、相互に掩護できるよう直ちに交差飛行するよう呼びかけている。

そして終戦まであと3週間となった7月24日、米第38機動部隊の500機を超える敵艦載機が呉軍港に来襲した。これを迎え撃ったのは総指揮官・鴛淵孝大尉率いる「紫電改」24機だった。

この日の空戦も343航空隊の勝利だった。343航空隊は、16機の敵機を撃墜するという戦果を挙げたのだが、実は戦後、公式に作成された米軍機損失記録では、この日の戦闘ではF6Fヘルキャット7機、F4Uコルセア6機、SB2Cヘルダイバー艦上爆撃機13機、TBMアベンジャー雷撃機7機の合計33機が撃墜されていたというのだ。この中には、呉軍港の艦艇からの対空射撃による撃墜が含まれているが、驚くべきは、実際の損害が日本側の報告の倍以上だったことだろう。日本軍の戦果報告は眉唾モノのように言われてきたが、むしろ実際の戦果の方が大きかったというのはこれまた驚きだ。

だがこの大勝利と引き換えに343航空隊も6機を失った。そのうちの一人は〝空の宮本武蔵〟こと武藤金義少尉であり、もう一人が第701飛行隊長の鴛淵孝大尉だった。

圧倒的物量を誇る米軍は、飛行機もパイロットも十分に補充できたが、日本軍はそういうわけにはいかなかった。歴戦の勇士たちも大空に散っていったのである。

〝エリート部隊〟たる343航空隊にとって、杉田庄一兵曹、林喜重大尉、その後任の林啓次郎大尉、鴛淵孝大尉、武藤金義少尉などエース・パイロットを失っていったことは大きな痛手であった。

そして終戦間際の昭和20年8月1日、B24爆撃機の編隊が南西諸島を北上中との情報を受け、菅野大尉率いる24機が迎撃に向かった。

このときの2番機は、筆者の親族である中西健造大尉、3番機・真砂福吉上飛曹、4番機・田村恒春2飛曹であった。ところが離陸後、中西大尉機は、エンジンから黒いエンジンオイルが噴出して前方が見えなくなったためにやむなく引き返し、その代わりに第2区隊長の堀光雄飛曹長が2番機に入った。

そして屋久島近くの上空で2機のB24爆撃機の編隊を発見し、菅野大尉が上位から射撃しようとしたのだが左翼が機銃筒内爆発を起こしてしまったのである。

これを見た堀飛兵曹が、菅野大尉機に寄り添って飛行すると、菅野大尉から自分にかまわず敵機を追えと命令され、堀飛曹長が再び戦場に戻ってB24に攻撃を仕掛けていたとき、菅野大尉から「空戦ヤメ、集マレ」の無線が入った。堀飛曹長は屋久島の方向に向かったが、そこには菅野隊長の機影は見当たらなかった。

布告214号――《19・1より11月までカロリン群島・比島に転戦し、撃墜破三〇機の個人戦果を挙げたり。19・12　戦闘三〇一飛行隊長に補せられ、強力なる飛行隊を育成せり、邀撃《ようげき》侵攻作戦において単独18機、協同24機の戦果を収めたり、B24南西諸島北進中の報に接し、屋久島北方にて2機撃墜せるも戦死す》

勇猛さでその名を馳せた〝ブルドック隊長〟こと菅野直大尉（撃墜数72機）は、二階級特進し、その戦死が全軍に布告された。

本田氏は、勇猛果敢な菅野大尉の空戦時のエピソードを私に話してくれた。

「菅野大尉は空戦のとき、私の飛行機に近寄ってきて『今日は何機墜としたか？』と、聞いてこられるんですよ。それで私が、指を2本立てて『2機』という具合に合図を送ると、自分の撃墜数がそれより少ない時には、『そうか、それならもう一回やってくるか！』とばかりに飛行機をサッと翻して、再び敵機を求めて飛んでいかれましたね。私は、407飛行隊で菅野隊長とは飛行隊が違うのですが、いつもそんな調子でしたよ」

〝ブルドック隊長〟と呼ばれた菅野大尉は、本田稔兵曹を良きライバルとしてみていたようだった。

本田稔氏はこう言って悔しさをにじませた。

「菅野さんは、そりゃバリバリの戦闘機乗りでした。負けん気の強い方で、いつも『絶対に勝つ！』という強い信念をもって戦っておられましたよ。とにかく1機でも多くの敵機を墜としてやろうという闘志の塊のような人でしたね……。菅野さんの戦死は本当にくやしくてならんかったですよ」

これが海軍最精鋭部隊の第343航空隊にとって最後の戦闘となった。

1945年（昭和20）3月19日の初陣から終戦までに〝剣部隊〟こと343航空隊は、B29爆撃機を含む170機もの敵機を撃墜したのである。

海軍きっての〝エリート戦闘機部隊〟第343海軍航空隊は、最後まで米軍機を圧倒し続けたのであった。

真実11

北海道分割を防いだ占守島《しゅむしゅとう》の大勝利

～終戦後、ロシアの侵略をはね除ける～

長崎に原爆が投下された1945年（昭和20）8月9日のその同じ日、ソ連は日ソ中立条約を一方的に破棄して対日参戦してきた。

各地で日本人居留民に筆舌に尽くしがたい蛮行を働いたソ連軍は、日本のポツダム宣言受諾後もその悪逆非道を止めることはなかった。ソ連軍は、すでに降伏した日本軍にも、また逃げ惑う無抵抗の民間人にも容赦なく銃砲撃を加えて無慈悲な殺戮を続けたのである。

この状況を目の当たりにした人々によれば、それはまさに鬼畜の所業であったという。

ではそのとき日本軍は、このソ連軍の卑劣な攻撃に対して反撃もせず、されるがままだったのか。

大東亜戦争は、無残な負け戦《いくさ》で終わったのだろうか。

だがそれは違っていた。

1945年（昭和20）8月15日終戦の日、このとき千島列島最北端の占守島《しゅむしゅ》に布陣していた戦車第11連隊第4中隊の小田英孝伍長は、中隊長の伊藤力男大尉から無条件降伏の報せを受けた。小田伍長は、無念の思いで涙がこぼれて仕方なかったが、悲しみに打ちひしがれている間もなく、小田伍長らに下った命令は「米軍が武装解除しにやってくるので、引き渡すときに恥ずかしくないようしっかりと戦車の手入れをしておくように」というものだった。

ところが終戦から2日後の8月17日、ソ連軍は突如、カムチャッカ半島南端ロパトカ岬から13キロの距離にある占守島に砲撃を始めたのである。

小田伍長によると、国端岬の方面から砲声か爆発音らしいものが聞こえてきたので不思議に思っていたが、「どうやらそれは、ソ連軍の船が座礁して放棄されたソ連軍の油槽船を憂さ晴らしに砲撃しているのだ」と聞かされたという。これを聞いて皆は安堵し、帰郷後の話に夢中になった。そしてその日の夜は、備蓄糧食が放出され、白米から肉の缶詰、羊羹、日本酒などが気前よく振舞われての宴会となった。ところが皆が寝静まった深夜3時ごろ、突如、非常呼集がかかったのだ。

8月18日早暁、あろうことかカムチャッカ半島から出撃したソ連軍が占守島北部の竹田浜に上陸してきたのである。

ソ連軍上陸部隊は、アレクセイ・グネチコ少将率いる8821名の陸軍部隊とドミトリー・ポノマリョフ大佐を司令官とする海軍歩兵一個大隊および輸送艦14隻など54隻の艦艇で編成されていた。この上陸部隊を支援するのは約80機のソ連陸海軍航空部隊だった。

当時、占守島には杉野巌少将率いる歩兵第73旅団、独立歩兵第282大隊および第283大隊と、池田末男大佐率いる戦車第11連隊、その他砲兵部隊、工兵大隊、高射砲大隊、船舶工兵第57連隊（特大発動艇20隻）などおよそ8500名の精強部隊が配置されていたのである。

中でも、池田連隊長率いる戦車第11連隊は、47ミリ砲搭載の九七式中戦車改20両の他、57ミリ砲搭載の九七式中戦車19両に九五式軽戦車25両の合計64両から成る大戦車部隊であり、かくも強力な戦車部隊が小さな占守島に待ち構えているなど上陸してきたソ連軍は思いもよらなかったであろう。

占守島にいたのは戦車第11連隊だけではなかった。

伊藤春樹中佐率いる約1500名の海軍部隊（占守通信隊・第51警備隊・第52警備隊）の他、数は少ないが陸軍飛行第54戦隊の一式戦闘機「隼」4機と、海軍北方航空隊北千島派遣隊の九七式艦上攻撃機4機が配備されていたのだ。

この占守島守備隊の上級部隊は、堤不夾貴《つつみふさき》中将を師団長とする第91師団で、師団司令部と第74旅団など多数の部隊が、占守島に隣接する幌筵《ほろむしろ》島に控えていたのである。

「国端方面に敵襲あり、直ちに戦闘準備にかかれ！」

隊長命令を受け、状況掌握のため戦車第4中隊の小田英孝伍長は、直ちに伊藤中隊長車ともう1両の計3両で四嶺山に急行した。

ソ連軍来寇の報を受けた在北海道の陸軍第5方面軍司令官・樋口季一郎中将は直ちに下令した。

「断固反撃に転じ、上陸軍を粉砕せよ！」

こうして日本軍はソ連上陸部隊に自衛戦闘として猛烈な反撃を開始したのである。

戦闘準備を整えた第4中隊の九五式軽戦車11両は、〝腹が減っては、戦はできぬ〟ということで、出発前に古参の板垣曹長が、炊事班長の宗田曹長に食事の準備を願い出た。ところが急には食事の準備はできなかったことから2人が揉めた挙句、板垣曹長が甘味品の倉庫を開けさせたのだった。小樽特製の羊羹や、きび団子、キャラメルなどを九五式戦車に積み込んで、これを食べながら第3中隊が布陣していた天神山に前進し、池田連隊長の到着を待ったという。

このとき小田伍長は、車長の宮澤曹長と一緒に100発ほどの榴弾の安全ピンを抜いていつでも撃てる準備をしていたのだった。

そして四嶺山近くの匂橋まで進撃したとき、男体山と女体山あたりでソ連兵を確認し、占守街道の左側を進撃しているときに敵に遭遇した。

小田英孝伍長は振り返る。

「ちょうど榛《はん》の木が生い茂ったところで、宮澤曹長が『目の前は敵でいっぱいだ！　すぐに撃て！』と言って、戦車砲をどんどんと撃ちはじめたんです。ところが私は低い位置にある機関銃手だったので、榛の木の葉で前がまったく見えなかったんですよ。それで『前が何も見えません！』と言ったら、宮澤曹長から『どこでもいいから前方を撃て！』と命令されたので、とにかく教範通りに三発点射（3発づつ連続射撃）で撃ちまくりました」

戦車部隊の突撃と同時に、第4中隊のすぐそばで、10センチ加濃砲が竹田浜に砲撃を始めた。このとき九五式軽戦車が浮き上がるような砲撃に小田伍長はあらためて戦争を実感したという。日本軍砲兵の射撃精度は高く、正確に目標を粉砕した。四嶺山男体山に配置された九六式150ミリ加濃砲などはたった1門で、カムチャッカ半島南端のソ連軍130ミリ砲4門をすべて制圧するなど、日本軍砲兵部隊はその高い技量をいかんなく発揮したのである。

小田伍長の乗る九五式軽戦車は、主砲と車載機銃で敵を掃討しながら草原まで進撃したが、敵兵の姿が見えなくなったので四嶺山の麓に戻ったという。

遅れて池田末男大佐が乗る連隊長車が集合場所に帰ってきた。そのとき池田大佐は、車上に一人の将校を載せていた。それは戦死した連隊本部指揮班長の丹生勝丈少佐だった。しばらくして再度の突撃を前に池田連隊長は部下に力強くこう訓示した。

《われわれは大詔を奉じ家郷に帰る日を胸にひたすら終戦業務に努めてきた。しかし、ここに到った。もはや降魔《ごうま》の剣を振るうほかはない。そこで皆に敢えて問う。諸子はいま、赤穂浪士となり恥を忍んでも将来に仇を報ぜんとするか。あるいは白虎隊となり、玉砕をもって民族の防波堤となり後世の歴史に問わんとするか。赤穂浪士たらんとする者は一歩前に出よ。白虎隊たらんとする者は手を上げよ》（『戦車第十一聯隊史』）

そして大野芳著『8月17日、ソ連軍上陸す―最果ての要衝・占守島攻防記』（新潮社）によれば、この訓示を受けた隊員らは、全員が「おう！」と歓声とともに腕を天に突き上げたという。

池田連隊長は、部下達の至純の愛国心と決意を確認し、その目は涙で曇った。

池田連隊長は下令した。

《連隊はこれより全軍をあげて敵を水際に撃滅せんとす。各中隊は部下の結集を待つことなく、御詔勅を奉唱しつつ、予に続行すべし》（『戦車第十一聯隊史』）

池田連隊長は片手に日の丸を握りしめ、戦車部隊の先頭に立って突撃を開始したのである。

小田伍長は私に、その時の様子をこう話してくれた。

「このときは、池田連隊長は、日の丸のハチマキを締め、階級章をつけずにワイシャツ姿でした。私は、わりあい近くで見ていましたので間違いありません。それは勇ましかったですよ!」

池田連隊長にひとかたならない思いがあった小田英孝さんの目にはうっすらと涙が浮かんでいた。

実は小田伍長は、その卓越した戦車操縦技術が高く評価され、池田連隊長車の操縦者に誘われたことがあったのだ。最終的には第4中隊の所属となったが、それゆえに連隊長への思いはまた特別のものがあった。小田伍長は、戦後しばらくしてからも時折、雄々しく突進してゆく池田連隊長の姿を思い出すのだという。そして彼は私にそのことを語ってくれたのち、複雑な表情でしみじみとこう話してくれた。

「あのとき、連隊長と一緒に行っていたら、今、私はこうしていないですからね……」

小田氏の胸に去来したものは何だったのか。それは実際に戦った武人にしか分かりえない心情であろう。

また九七式中戦車改の砲手を務めた神谷幾郎伍長もこう証言する。

「集合して、連隊本部のある千歳台の方向を見たら、道路をもう戦車が走ってゆくじゃありませんか。連隊長の戦車だったんです。普通だったら隊列を整えて出撃するのですが、連隊長は、『我に続かんと欲するものは続け！』とばかりにどんどんと行っちゃうんですよ。それで私達は連隊長車を追いかけるように出ていったのです」

神谷伍長によれば、池田連隊長はまさに死に場所を見つけたかのように突進していったというのだ。

このとき急に濃霧がひどくなったが、戦車隊はかまわずに斜面を駆け上がって行った。第4中隊は、右翼からくる敵と訓練台の高射砲部隊の掩護を担任した。その高射砲部隊は、戦車部隊の進撃を助けるように、竹田浜から四嶺山に前進してくるソ連兵に対して、零距離射撃（近距離に迫った敵を撃破するため、発射後すぐに砲弾が炸裂するよう設定した射撃）でなぎ倒した。小田伍長の証言によれば、1発の砲弾で敵兵10人余りが吹っ飛んだという。

ソ連軍はこの攻撃を防ぐために、訓練台の高射砲陣地に攻撃を仕掛けてきたが、第4中隊の戦車が主砲と機銃でなぎ倒した。

こうした戦闘が占守島のあちこちで展開されたのである。

そして大野芳氏は、その著書『8月17日、ソ連軍上陸す——最果ての要衝・占守島攻防記』の中で、その突撃の生々しい様子を描いている。

《『池田連隊は四嶺山の麓にあり、士気旺盛なり。〇六五〇、池田連隊はこれより敵中に突入せんとす。祖国の弥栄を祈る』

池田大佐は、堤師団長と杉野旅団長に無線で報告した。

「攻撃っ、前進ーん」

池田連隊長は、内田にむかって日章旗を振りおろして前進を命じた。

隣の第二小隊長・高木弘之見習士官もこれに頷き、連隊長車を中心に横一線に開いた戦車群は男体山頂上へ驀進をはじめた。

「特攻だーっ」

式町軍曹は、大声で叫んだ。

「よーし」と、内田が応える。

笠原が操縦する車両が力強くハイマツやハンノキが蔽った斜面を登りはじめると、敵のマンドリン銃、機関銃、迫撃砲などの銃器がいっせいに火を噴き、銃弾が横殴りの吹雪のように降り注いできた。いずれも濃霧で所在がつかめず、発射光がたよりだった。

「二時の方向。男体山右側三百っ」

砲手席の式町が覘視孔《てんしこう》（横十五センチ幅五ミリの覗き窓）からひときわ大きな火箭を見せる敵拠点を目視・測定した。

「おれに初弾を撃たせろ」と、内田は式町に代わって引金を引いた。

「スターン」と、砲声とともに砲塔が振動する。

〈火を吹いていた敵の重火器と五、六名の敵兵が地上に飛び散った〉（内田手記）

このあと式町が徹甲弾も榴弾もかまわず射撃すれば、通信手の松島が車載銃を左右に射ちながら敵兵をなぎ倒す。四嶺山南東の台地からは、高射砲が俯角（水平）射撃をする。

第四中隊の軽戦車に随伴して竹下大隊の歩兵が北進してきた。

竹下大隊は、杉野旅団長に命ぜられて村上大隊の掩護の任を負っていた。彼我入り乱れた戦闘は、新手の注入で形勢が逆転。ついに戦車連隊は、四嶺山を奪還し、山稜をこえて敵軍を竹田浜方面に追い払ったのである》

凄まじい戦闘の末に日本軍戦車部隊は、押し寄せるソ連軍部隊を見事に撃退したのである。

戦車の主砲弾がソ連兵を吹き飛ばし、逃げ惑う敵兵を車載重機銃がなぎ倒していった。日本軍最後の大戦車部隊が呻《うな》りを上げて突進しソ連兵を蹂躙したのである。

「まさか千島列島最北端のこんな小さな島に、かくも強大な大戦車部隊がいたとは……」

炸裂する戦車砲、野砲、唸る機銃弾の嵐は、ソ連兵を恐怖のどん底に叩き込んだであろう。

〝撃って撃って撃ちまくる〟――。

実戦経験者から話を伺った占守島の戦いの印象はまさにこの言葉に尽きる。遠慮なく言わせてもらうが、痛快なことこの上ない。

小田伍長は、砲弾を撃ち尽くしたため、動けなくなった指揮班長車から主砲弾を20発ほど貰うことになった。だがその積み替え作業の最中に車長の宮澤曹長が顔面を狙撃されて瀕死の重傷を負ってしまったのである。そこで小田伍長が主砲を操作することになったという。

小田伍長はそのときの心情をこう語ってくれた。

「あの時は、恐いとか、死ぬかもしれないなどということなどまったく考えもしなかったですね。撃たれた宮澤曹長に代わって俺が車長を努めなければならないんだ、という気持ちで、戦車砲を思いっきり撃ちました。よく当たるので楽しみながら撃ちましたね」

そう話してくれたときの小田伍長の笑顔が印象的だった。

そして小田伍長の証言の中で貴重なエピソードがあるので紹介しておこう。

戦車砲と車載機銃を撃っていると、車内に硝煙が充満して苦しくなるが、すぐに辺りが濃霧に包まれて目標が視認できなくなるため、その間に車内の硝煙も収まってくる。濃霧による小休止というわけだ。そして霧が晴れたらまた撃ちまくったという。

濃霧は日本軍戦車部隊に味方したというのだ。

もう一つ、九五式軽戦車は、装甲が薄くソ連軍の対戦車銃弾が突き抜けてしまうので、車内で破裂せずに逆に助かったケースもあったというから興味深い。どちらも、実際に戦った戦士の証言を聞かなければわからないエピソードである。

一方、九七式中戦車の装甲は、重厚なソ連軍やドイツ軍の戦車に比べれば薄かったが、それでもソ連軍の小銃や機関銃弾ならば跳ね返したという。

神谷幾郎伍長は敵弾を受けながら突進した時の様子をこう話す。

「敵のいる場所の手前まで行ったときに、敵の弾が私の乗っている戦車に当たるんです。

そのとき敵の弾は貫通せずに『カン、カン、カン』という音を立てるだけでした。そしたら、『よし、これなら大丈夫だ』と思って、嬉しくなりましたよ」

上陸してきたソ連軍は、米軍のように戦車を海から揚陸する能力がなかったため、対戦車砲と対戦車銃で日本軍の戦車と戦った。このため日本の多くの戦車が撃破されていったのだが日本軍将兵はそんな強力な対戦火器に怯《ひる》むことはなかった。

九七式中戦車で敵陣に殴り込みをかける時の心情を神谷伍長はこう語ってくれた。

「このとき乗員は皆、遅れをとって恥をかいてはいかんという気持ちで必死でした。そうして気が焦るものだから操縦手がエンジンをふかし過ぎたんです。私が乗っていた九七式中戦車は12気筒空冷エンジンなので操縦が難しいんですよ。トップでふかし過ぎたために、ついにエンジンが焼き付いて動かなくなってしまった。そこで戦車を捨てて徒歩で前進することになったのですが、車載の機関銃を降ろして持ってゆく手順を忘れてしまったんです。とにかく遅れをとってはいけないという気ばかりが焦っていたんです。そして徒歩で前進しているときに、ふとそのことを思い出したんですよ。それで軍刀と拳銃だけで敵に向かっていったんです」

戦車兵は、戦車が動かなくなれば、車載銃を取り外して戦ったのだ。

神谷伍長のインタビューを通じて印象的だったのは、「恥をかいてはいけない」という言葉だった。神谷氏は、何度もこの言葉を繰り返したが、自らを律する当時の日本の教育の素晴らしさを再認識すると同時に、〝恥〟を恥とも思わぬ戦後教育が情けなく思えて仕方がなかった。

もはや〝日本男児〟という言葉を耳にしなくなって久しいが、当時の日本青年の至純の愛国心には心より敬意を表したい。10代、20代前半の若者が侵略者に立ち向かうその心情はいまの腑抜けた日本人には決して理解できないだろう。

とりわけ敵兵の顔が見える近接戦闘では、さらに覚悟と胆力が必要だった。

占守島の戦いでは、頻繁に濃霧がかかるため、そうなると視界不良で敵と近距離で戦うことも多かった。

ソ連兵が手榴弾片手に戦車に肉迫すれば、日本軍戦車兵は天蓋から身を乗り出して拳銃でソ連兵と撃ち合う場面もあった。

第2中隊付の篠田民雄中尉は、そんな戦闘の様子をこう記している。

《目標を捕えにくいので、砲塔上に身を乗り出して探す。黒々と見える横這松や棒の木の灌木帯の影に、長い外套を着た人影の動くのを発見する。

「敵だ！」

砲手に目標を指示し、射撃を命ずる。

「榴弾だ！」

銃手も敵影を認めて機銃を撃ちはじめた。

霧の中にしばしば敵影が動く。直接照準の四十七ミリ戦車砲は、ここを先途と躍進射、行進射で榴弾の猛射を浴びせる。

突然、敵兵が戦車の横に現れる。

あずき色の外套をひるがえして走る。近すぎて戦車砲では撃てない。それっと砲塔上から拳銃で狙い撃つ。三発、四発……、やっと倒れる。

敵は日本軍既設の蛸壺や壕を利用したり、灌木帯の影に布陣しているらしい。中隊長は小銃を構えて撃ちはじめた。

白霧をぬって黒い小さな塊が戦車めがけて飛んで来た。何か、と思う瞬間、頭上を越え右後方のバンパーで爆発した。手榴弾だ。つぎつぎと柄の付いた手榴弾が数発投げられてきた。何クソ、と撃ち返して戦車ごと突っ込む。

霧の中を日章旗を高々と挙げた戦車が左へ左へと進んでいくようだ。右翼の男体山東方

から突入した主力は、左に旋回している様子だ。左に向きを変え、それにならう》(『丸別冊　北海の戦い』潮書房)

日章旗を高々と挙げた戦車とは、おそらく池田連隊長車のことであろう。

そんな霧の中の戦場各所で日ソ両軍兵士による激しい白兵戦が繰り広げられた。

車載銃を運び出すことを忘れて軍刀と拳銃だけで進撃した神谷幾郎伍長は、どうにか小銃を手に入れ、一個分隊を率いてソ連軍と戦った。

「敵は稜線の上に陣地を構えていました。我々は下から登ってゆく形になりました。そこで砲兵隊と機関銃の掩護射撃を得て塹壕に飛び込んだんです。そこから前進したわけですが、ちょっと頭を出すと狙撃兵が撃ってくるんです。そのとき同じ塹壕にいた小川隊の兵隊が撃たれ、『やられたッ』と叫んで前に倒れたんです。そののちに友軍の砲兵隊の砲撃によって敵の反撃が弱まったところで『突っ込めー』といって敵の塹壕に飛び込んでいきました。その塹壕の中には、ソ連兵が重なり合って斃れておりました。まだ息のある者もおりました。その光景を見た私は真っ青になって一瞬、放心状態となってしまったのですが、そのときふと我に返って『やらなければ俺がこうなるんだ……』と悟ったんです。それから死骸を見ても何も感じなくなりました」

その後、神谷伍長は、牧野小隊長と2人で前進していたときソ連兵と遭遇した。

「『出たっー』と私が言った途端、牧野小隊長が軍刀でソ連兵を斬りつけたが、敵兵がその軍刀を奪いかけたので、私が、軍刀で突いて倒したんです」

こうしてソ連軍を撃退した日本軍は、敵に決定的な打撃を与える好機にありながらも停戦交渉のために攻撃を控えねばならなかった。残念無念ではあったが、これぱかりは仕方がなかった。

そして軍使を派遣しての停戦交渉の末、8月23日に停戦協定が調印されたのだった。

このときの小田伍長の心情はこうだった。

「これでは戦死した戦友に申し訳が立たないという気持ちでいっぱいでした。終戦を聞いた時より残念でした。私は、渋々と戦車を反転させ、後ろを振り返りながら、涙を流して戦場を後にした事はいまだに忘れることができません」

小田伍長は、その後の武装解除を終えても、この一戦は日本軍の勝ち戦だったという思いが強く、91師団が最後の宮城遥拝を行ったときにも自分たちこそが勝者だと感じたという。

「最後に聞いたラッパの吹奏は今でも心の中で響いています。敗者にも見えるソ連軍将校の前を堂々と通り抜けて帰った時は一時戦いに勝ったような気がしました」

占守島の戦いで、ソ連軍は、精強な戦車第11連隊を擁する陸軍91師団の猛反撃を受け、その結果、樋口季一郎記念館（旭川）の資料によると、ソ連軍の戦死行方不明者は450 0名、日本軍の死傷者は600名という大勝利に終わったのだった。なるほど当時のソ連紙「イズヴェスチア」はこう記している。

《占守島の戦いは、満洲、朝鮮における戦闘より、はるかに損害は甚大であった。8月19日はソ連人民の悲しみの日である》

占守島攻防戦は日本軍の大勝利であり、大東亜戦争はこの大勝利で幕を閉じたのだった。

神谷伍長は後にこの勝利の事実を知ったという。

「当時はそのことを知る由もありませんでした。私も、あとからそのことを知りました。私達は『国のために！』ということで戦ったわけですが、自分達が頑張ったから北海道がとられずに済んだんです。本当に国のためになったんだと、自分自身は納得しております。自分の青春に悔いはありません」

そしてほとんど知られていないのが、この占守島の戦いで最後の航空特攻が行われたことである。

海軍の九七式艦上攻撃機がソ連の軍艦に体当たり攻撃をかけて撃沈していたのだ。8月18日、新谷富夫上飛曹、山中悦猷上飛曹、樋口栄助上飛曹が乗った九七式艦上攻撃機が、爆弾で敵艦を1隻撃沈しながらも対空砲火で被弾するや、ソ連軍掃海艇KT－152に体当たりして撃沈したのである。

これが大東亜戦争における〝最後の特攻〟であり、ソ連海軍掃海艇が最後の被害艦艇だったのだ。

またほとんど知られていないのが、日本軍が、ソ連軍の上陸後の8月19日午後4時に、濃霧に紛れて26隻の独航船で島に取り残された日魯漁業の缶詰工場の女子工員400―500名を脱出させていることだ（うち一隻は途中で難破して女子工員20人がソ連軍に捕まり収容されたのち1948年に帰国）。

これはかのキスカ島撤退作戦に並ぶ〝奇跡の撤退作戦〟だったと言ってよかろう。もしも彼女らが島に取り残されたまま停戦となれば、そこでたいへんな悲劇が起きていたことは想像に難くない。

というのも停戦後、小田伍長がソ連兵と一緒に美好野飛行場で解体作業を実施していたとき、ソ連兵から、「なぜ戦争に負けたのに日本兵はあんなに激しく抵抗したのか？　お前たちのせいでたくさんの戦友が亡くなったんだ」と言われたという。

さらに驚くべきは、このソ連兵は、「ヤポンスキー（日本人）は戦争に負けて戦う気がないので、〝殺し放題・盗り放題・缶詰工場の女工さんは犯し放題だぞ〟と言われて勇んで来たのに当てが外れた」と、ぼやいたというのだ。

ソ連兵（ロシア兵）はとても軍人とは呼べない犯罪者のような集団だったのである。なるほどソ連兵は、10人ほどの日本兵捕虜を後ろ手に縛って竹田浜の方に連れて行き、並べて銃殺するなど戦時国際法などまったく無視していたという。また彼らは、銃弾が飛び交う中でも戦闘そっちのけで戦死体を物色していたというから呆れてモノが言えない。

さらに停戦後もソ連兵が、日本軍の地下食糧庫に侵入して射殺される事件が二度も起きている。これが戦勝国のやることかとあらためて彼らの軍隊教育を問いたくなる。

こうしたソ連軍の蛮行は、現代におけるウクライナ戦争でのロシア兵の振る舞いそのものであり、彼らはなんら変わっていないことがわかる。というよりこれが〝ロシア流戦争〟だったのだ。

いとも簡単に約束を反故にし、残虐な民間人虐殺、略奪、婦女暴行、強制連行など、現在のウクライナで行われているロシアの蛮行は、およそ80年前に我が国が経験した苦い記憶と重なって見える。

さかのぼって1945年（昭和20）8月9日、ソ連は日ソ中立条約を一方的に破棄し、満洲や樺太の国境を越えて軍事侵攻を開始した。日本領であった北緯50度以南の樺太でも日本軍はこのソ連軍の前に立ちはだかって勇戦敢闘したが、軍人および数多の民間人が犠牲となる悲劇がおきた。終戦後も、日本軍が停戦交渉のために軍使を派遣するも、白旗を掲げた軍使一行を射殺するなど、ソ連軍は話し合って矛を収める気などさらさらなかったのである。

8月20日には、樺太の真岡《まおか》郵便電信局で女子電話交換手たちが避難疎開を断って通信業務を続け、ソ連軍急迫の報に女子交換手が「皆さんこれが最後です。さようなら、さようなら」という最後の通信を発したのち服毒して9名が亡くなった。その背景の一つには、ソ連軍兵士による婦女子に対する暴行の情報があった。

かつて真岡郵便電信局で勤務し、その日はたまたま非番で難を逃れた工藤テルさんという元電話交換手に、引き揚げまでの苦労話などを聞かせていただいたことがある。そのとき自決された同僚の話をするときに目を赤くして当時を回想されていたことを思い出す。

この悲劇の中で特筆すべきは、うら若き乙女たちが命を賭して自らの職責を最後までまっとうしたその使命感であろう。

終戦後も身を挺して同胞を守り抜いた日本軍人と女子交換手の至純の愛国心を思わずにはいられない。ここで敢えて付け加えておきたいことは、国内で地上戦が行われたのは沖縄だけでなく、最後の国内地上戦は樺太だったということである。

悲劇はさらに続いた。

樺太から婦女子らを中心に北海道への疎開が行われたのだが、終戦から1週間後の8月22日、樺太からの疎開船3隻「小笠原丸」「第二号新興丸」「泰東丸」がソ連軍潜水艦の攻撃を受けて、2隻が沈没し合わせて1708人が死亡する大事件が起きた。「三船殉難事件」だ。なかでも「泰東丸」は白旗を掲げ、戦う意思のないことを示したのにソ連軍は攻撃を続け、同船は沈没し667人が死亡した。昔からソ連（ロシア）は国際法を守る国ではなかったのだ。

ところがこの三船殉難事件は、あまり知られていない。

一方、沖縄戦を前に米軍潜水艦によって沈められ乗員乗客1484人が犠牲となった学童疎開船「対馬丸」撃沈事件の認知度は高い。偶然だが、「対馬丸」は昭和19年8月22日に撃沈され、ちょうどその一年後の同じ日に樺太からの疎開船3隻が撃沈破されているのだ。

にもかかわらずこの認知度の差はなんなのか。

それは戦後、ソ連に共鳴する日本の左派勢力が反ソ反共産主義に繋がる事実を隠蔽してきたからだという。同様に、先の真岡の9人の女性電信員の悲劇を扱った映画『樺太1945年夏　氷雪の門』が1974年に制作されながらも、ソ連からクレームがついて上映が妨害され続けたのだったのだ。

このようにしてソ連軍による蛮行の歴史は封印されたのである。

大東亜戦争末期、日ソ中立条約を破棄して対日戦を挑んできたソ連軍の前に日本軍将兵は敢然と立ち向かい、文字通り祖国の〝防波堤〟となって戦ったことを忘れてはならない。

その結果、日本軍は満洲をはじめ樺太・千島の戦闘で約7500名の戦死傷者を出し、戦後に60万人もの将兵が不法にもシベリアに連行抑留されることとなった。一方、この日ソ戦においてソ連軍は、実は日本軍の4倍以上の約3万4000名もの戦死傷者（戦死約9700名）を出していたのだ。

そしてどうか語り継いでいただきたい。

10代20代の若者たちが命を賭して占守島を守り抜き、そして北海道を守ったことを。

九七式中戦車の乗員だった神谷幾郎伍長は「恥をおそれ、恥をかかぬよう潔く戦った」といい、少年戦車兵出身の綱島正巳伍長は「軍人として当たり前のことをしただけです」と謙虚な姿勢を貫いた。そして同じく少年戦車兵出身の小田英孝伍長はソ連軍との戦いを、つい昨日のことのように語ったあと「（いままた日本が侵略されたら）自衛隊の古い戦車をよこしてくれれば、いつでも俺は行くよ」と笑顔で語ってくれた。こうした人々が日本を守ってくれたのである。

そして現在、占守島の戦車第十一連隊の「十」と「一」を組み合わせた「士」のマークを、陸上自衛隊第11戦車隊が引き継ぎ、「士魂」の文字を戦車の砲塔に描き北海道の護りについてくれている。占守島で大勝利を収めた戦車第11連隊の栄光と国防精神は今も陸上自衛隊に受け継がれているのだ。

最後にもう一度いう。

大東亜戦争は、占守島における日本軍の大勝利によって幕を閉じたのである。

真実12

日本はアジア独立の希望の星だった

「かつて日本は、アジア各地を植民地支配しようと戦争に突入し、欧米列強諸国と戦って敗北した。この日本の『侵略戦争』でアジア各地は荒廃し、今もアジア諸国民の反日感情は根強く、日本の軍国主義を強く警戒している……」

おそらく戦後の日本人は学校でこのように教わってきたのではないだろうか。

政治家たちもこの歴史認識をベースに、終戦の日にお詫びや談話を発信してきたのだが、そもそも日本社会に根付いたこうした「定説」は本当なのだろうか。

その疑問を解くカギの一つが、戦後日本社会で完全に封印された「大東亜会議」であり、復員を拒否してアジア各地に残って戦い続けた残留日本兵の存在であろう。

大東亜戦争真っただ中の1943年（昭和18）11月5日－6日、アジアの独立国の代表7カ国が東京に参集し、「大東亜会議」が開かれた。

当時の日本の首相は東条英機で、中華民国からは国民政府行政院長・汪兆銘、満洲国からは国務総理大臣・張景恵、ビルマからバー・モウ首相、フィリピン共和国からホセ・ペ
ー・ラウレル大統領、タイ王国からもワンワイタヤーコーン殿下（ピー・ピブン・ソンクラム元帥の名代）に加え、オブザーバーとして自由インド仮政府の首班チャンドラ・ボースが

参加し、アジアの独立と共存共栄を謳《うた》った「大東亜共同宣言」が採択（11月6日）されたのだった。

ところがこの大東亜会議および大東亜共同宣言は、日本の野心の象徴というレッテルを貼られ、歴史から完全に消し去られたのである。だがその宣言文をしっかりと読めば、それがウソであることがわかる。その内容には軍国主義的な文言はどこをどう読んでも見当たらないのだ。

《大東亜共同宣言》

抑抑《そもそも》世界各国が各其の所を得、相倚《あいよ》り相扶《たす》けて万邦共栄の楽を偕にするは世界平和確立の根本要義なり。然るに米英は自国の繁栄の為には他国家、他民族を抑圧し、特に大東亜に対しては飽くなき侵略搾取を行ひ、大東亜隷属化の野望を逞《たくま》しうし、遂には大東亜の安定を根底より覆さんとせり。大東亜戦争の原因ここに存す。大東亜各国は相提携して大東亜戦争を完遂し、大東亜を米英の桎梏《しっこく》より解放して、其の自存自衛を全うし、左の綱領に基き大東亜を建設し、以て世界平和の確立に寄与せんことを期す。

一、大東亜各国は協同して大東亜の安定を確保し、道義に基く共存共栄の秩序を建設す

一、大東亜各国は相互に自主独立を尊重し互助敦睦《とんぼく》の実を挙げ、大東亜の親和を確立す

一、大東亜各国は相互に其の伝統を尊重し、各民族の創造性を伸暢し、大東亜の文化を昂揚す
一、大東亜各国は互恵の下緊密に提携し、其の経済発展を図リ、大東亜の繁栄を増進す
一、大東亜各国は万邦との交誼《こうぎ》を篤《あつ》うし、人種的差別を撤廃し、普《あまね》く文化を交流し、進んで資源を開放し以て世界の進運に貢献《こうけん》す

このように、「共存共栄の秩序の建設」や「自主独立の尊重と各国の親和の確立」「相互に伝統の尊重と文化の昂揚」「緊密に連携して経済発展を増進させる」そして「人種差別撤廃」など大東亜共同宣言の内容は、むしろ褒《ほ》められるべき多国間協約であり、現代でもそのまま適用できる素晴らしい宣言文だったのである。

もっと言えば、この中の「人種差別撤廃」の条項は、明治維新以来の日本の悲願だったのだ。

第一次世界大戦（1914―1918）で戦勝国となった日本は、連合軍の勝利への貢献が評価され、米国、英国、フランス、イタリアと肩を並べる〝五大国〟の地位を獲得した。だが日本は、そうした地位にあぐらをかいてふんぞり返ることはしなかった。

このとき日本はただちに世界に向けて人種差別撤廃を訴えたのである。

日本は、戦後の処理を話し合うパリ講和条約（1919年）で人種差別撤廃の提案を行い、その後の国際連盟設立に際して人種差別撤廃の文言を連盟規約前文に入れるよう求め続けたのだった。

日本政府の各国への懸命な働きかけによって五大国の中でもフランスやイタリアは日本の人種差別撤廃提案に賛成した。ところがアメリカのウィルソン大統領が「全会一致ではなかった」という屁理屈を主張し、最終的に否決されたのだった。当時の白人主導の世界では、それまでの価値観を根底から覆すような人種差別撤廃の文言など受け入れることは到底できなかったのだ。

いまでは当たり前の人種平等の考えも当時の世界では抹殺されてしまったのである。

当時の日本は、明治維新以来、西洋列強諸国に伍してゆくために近代化せんと、ひたむきな努力を続け、そして世界の五大国の地位を獲得したのちも決して驕《おご》ることなく人種平等を訴えていたのだった。それはまさしく幕末期に日本自身が味わった苦い経験と明治維新の悲願だったのである。

後に日本は、1920年に発足した国際連盟の常任理事国の地位を獲得するが、その13

年後に満洲国を巡る問題で日本は国際連盟を脱退する。しかしながら日本は、第一次世界大戦で戦勝国となり人種差別撤廃を世界で初めて訴えた人道国家であったことも知っておかれたい。

日本は有色人種の悲願を大東亜共同宣言に盛り込んだのである。いったいこの大東亜宣言のどこが軍国主義的なのかまったくわからない。

大東亜戦争の「定説」の最大のウソは、日本がアジアを植民地支配する侵略戦争をしたということなのである。

戦後、これまで信じ込まされてきた「定説」の中に、日本軍が占領した地域における「**軍政」が、日本語や皇民化教育の強制と収奪等による過酷な統治によって地元の人々を苦しめ、今でも日本への恨みと警戒心が根強い**というウソがある。

戦争末期に軍による食料調達が行われたことで食糧難となって苦しい生活を強いられた地元民もいたことは否定できない。だがそれは、日本軍がやみくもに徴発を行ったわけではなかったのである。

第3章でも紹介した蘭印攻略戦後の日本軍によるインドネシアにおける軍政を見てみよ

う。

日本軍は、開戦劈頭に陸海軍の空挺部隊がセレベス島、スマトラ島にそれぞれ降下して戦略目標を制圧したのち、今村均中将率いる陸軍第16軍がジャワ島を攻略してオランダ軍を降伏せしめたことはすでに紹介した。

ところが戦後の日本では、「オランダに代わって統治者となった日本がインドネシアに厳しい軍政を敷き、地元の人々にいわゆる〝皇民化教育〟を押し付け、日本語の強要、搾取によってインドネシア人を苦しめた」という首を傾げる定説が日本で流布されて定着してしまった感がある。

実際はどうだったのか。

第16軍司令官・今村均中将は、彼我の損害を最小限にとどめて戦闘を終わらせたが、とりわけ地元インドネシアの人々に被害が及ばぬよう最大限の配慮を行なったことなどが高く評価され、日本軍はインドネシア人の信頼を集めていたのだった。

占領後の今村均中将の軍政は、オランダ支配下では考えられなかった地元民に対する教育および医療制度の整備、インドネシア語の普及、そして後の独立に向けた人材育成のためインドネシア人の政治意識の醸成を行ったのである。

わずか3年半の統治期間に、教員養成のための教員学校や医師・医療機関従事者養成のための医科大学、近代農法を学ぶ農業大学などが次々と設置された。

日本軍がインドネシア人に日本語を強要し、いわゆる〝皇民化教育〟を行ったなどと批判する人がいるがお門違いも甚だしい。これは恣意的な日本軍批難のためのこじつけでしかない。

そもそもオランダ統治下で教育の機会や言語を奪われていた地元の人々にいったいどのような言語で教育をしろというのか。

オランダ語で？　英語で？　教鞭を執るのは日本人であり、数学や物理、政治学や医学を教えるのにまずは日本語以外に選択肢はなかろう。しかも日本軍は地元のインドネシア語の普及に力を入れたのだった。

また〝皇民化教育〟などというが、それはインドネシアの人々に対して特別に行った教育ではなく、当時の日本の学校で行っていたものと同じ教育カリキュラムだったのだ。こうした無知蒙昧な日本軍批判は歴史の歪曲なのである。

このことは、半世紀におよぶ日本統治を経験した台湾人が何よりの証人であり、台湾人は今でもこの日本統治時代の優れた日本教育を絶賛し、今も語り継がれているのである。

ちなみに台湾の日本統治時代を経験した日本語世代の間では〝皇民化教育〟などという言葉は存在しない。この事実をもってすればインドネシアにおけるいわゆる〝皇民化教育〟なるものの正体が明らかとなろう。

日本軍は、オランダ語と英語の使用を禁止して共通語としてのインドネシア語を普及させた。これによって異なる言語を持つ部族との意思疎通ができるようになり、なによりインドネシア人の民族意識が高まったのである。

事実、蘭印の戦いにも参加した元ASEANセンター中島慎三郎氏によれば、スカルノ大統領やハッタ副大統領をはじめ多くのインドネシア要人は、「日本軍の最大の貢献の一つはインドネシア語の普及だった」と語っていたという。

もちろん新たにインドネシア人子弟のために開設した学校で日本語の教育を行ったが、これまでまったく教育を受けていなかったインドネシア人を教育するには、日本語を通じて行うしかなかったからなのだ。

戦後の地元インドネシアの中学3年生の歴史教科書では、3年半の日本の軍政を次のように評価して教育している。

《日本の占領は、後に大きな影響を及ぼすような利点を残した。

第一に、オランダ語と英語が禁止されたので、インドネシア語が成長し、使用が広まった。日本軍政の三年半に培われたインドネシア語は驚異的発展をとげた。

第二に、日本は青年たちに軍事教練を課して、竹槍、木銃によるものだったとはいえ、厳しい規律を教えこみ、勇敢に戦うことや、耐え忍ぶことを訓練した。

第三に、職場からオランダ人がすべていなくなり、日本はインドネシア人に高い地位を与えて、われわれに高い能力や大きい責任を要求する重要な仕事をまかせた。

第四に、日本は特にプートラ（民族集結の意）や、「奉公会」を通じて、ジャワに本部を置き、国土のすみずみにまで支部の拡がった統合組織を運営することをわれわれに教えた。

われわれが独立を宣言した後に、オランダの攻撃から独立を守らなくてはならなくなって、急に我々自身で国内を組織する必要に迫られた時など、以上の四点は特に測り知れぬほどの価値のある経験だった》（ASEANセンター編『アジアに生きる大東亜戦争』展転社）

このようにインドネシアでは日本の軍政が高く評価され、その事が教育の現場で子供達に教えられていたのである。

そして日本軍は蘭印占領後、前述したように、教員養成のための教員学校や医師・医療機関従事者養成のための医科大学、近代農法を学ぶ農業大学などを次々と設置して、わずか3年半の統治の間に、教育によって独立後の国家建設の担い手となる10万人ものインドネシア人エリートを育て上げたのだった。

改めていうまでもないが、欧米列強諸国による植民地支配にはこのような類例は皆無である。

中島慎三郎氏によれば、敵国であった英国ですら日本の軍政を高く評価していたという。

そしてなにより注目すべきは、日本軍は、いち早く政治犯として獄中にあったスカルノ（後の大統領）とハッタ（後の副大統領）を救出したことだ。

日本軍はオランダ統治下で政治犯として獄中にあったスカルノとハッタを救出し、それぞれ大統領と副大統領にすると公表したほか、彼らを支える行政官の教育も行ったのだ。日本の軍政下ではオランダ植民地時代には想像もできなかったインドネシア人の政治意識の醸成が行われたのだった。

オランダ統治下では禁止されていた青少年の団体訓練を奨励して、実に100万人を超える青年団と150万人もの警防団など、インドネシア人による青年組織を立ち上げて独立の原動力となる人材を大量教育していった。

さらに日本軍政は、これまで被統治者であり続けたインドネシア人に「政治」を教え、統治する側に立って民を導く政治リーダーの養成にも尽力したのである。なんと首都ジャカルタに中央参議院、そして地方各地には衆参議会が設置され、インドネシア人に統治する側に立つことを教えた意義はたいへん大きかった。

ここで考えてみていただきたい。もしも日本がオランダに代わってインドネシアを単なる植民地として支配しようと考えていたならば、民族独立を訴える政治運動家の解放をはじめ、地元民の教育や政治意識の醸成など行うはずがなかろう。

したがってこの教育期間を必要としたため、インドネシアをすぐに独立させなかったのだ。この2人のリーダーと彼らを支える官僚の教育を行った上で独立させようと考えていたのである。

そして日本軍の軍政で最も重要なことは、後の独立戦争でその中心となりインドネシアを独立に導いた同国初の軍隊組織「PETA」(ペタ/祖国防衛義勇軍)を創設したことである。

PETA兵士の訓練は、日本軍の教練通りに行われ、その軍服も振る舞いも日本陸軍そのもので、一瞬で見分けることは難しかったという。

日本軍独特の戦闘帽にゲートル、特徴的な開襟シャツ、さらには腰に吊られた日本刀を見れば、誰もが日本兵と見間違えるだろう。

ＰＥＴＡが創設されたボゴールには、ＰＥＴＡ博物館がある。入り口付近には、力強く右手を突き上げるＰＥＴＡ兵士の大きな銅像が建っている。この兵士像は、南方で戦った日本兵の特徴的な帽垂れ布付きの戦闘帽をかぶって、左手には日本刀を握りしめており、外見上は日本兵そのものなのだ。

館内には大団長、中団長、小団長の等身大のマネキン人形もあり、これまた日本軍兵士とそっくりだ。ちなみにその「DAIDANCHO」（大団長）、「CHUDANCHO」（中団長）、「SHODANCHO」（小団長）は、日本語がそのまま充てられている。

さらにＰＥＴＡの旗もまた印象深い。

「大団旗」と呼ばれる旗は、日本の旭日旗をベースにデザインされており、中央の円にイスラム教の象徴たる月と星が描かれた緑地の旭日旗なのだ。

いずれにせよ、もしも日本がインドネシアを植民地として統治し、オランダのように地元民を奴隷のように酷使することを考えていたら、地元民による軍事組織など作るはずがない。この一点をみても当時の日本が、将来インドネシアの独立を助けようとしていたことがわかる。

こうした日本軍による軍政が客観的に見て素晴らしいものであったことは、インドネシアの独立宣言文の日付が全てを物語っていよう。

《我らインドネシア民族はここにインドネシアの独立を宣言する。

権力委譲その他に関する事柄は、完全且つ出来るだけ迅速に行われる。

ジャカルタ　17-8-'05

インドネシア民族の名において》

1945年（昭和20）8月15日に、インドネシアの独立を約束し、そのための人材育成など様々な準備を進めていた日本が敗戦した。だがその翌日の午後11時、ジャカルタの前田精海軍少将の公邸に、スカルノとハッタを中心に50人ほどの独立準備委員会の志士が集まって独立宣言文の起草が行われたのである。そして8月17日午前10時に、スカルノ邸でこの独立宣言文が読み上げられたのだった。

ここに記された日付「17-8-'05」の「05」とは、「皇紀2605年」のことなのだ。インドネシアは「皇紀2605年8月17日にオランダ王国から独立した」というわけである。

もしや日本の軍政が酷いもので、インドネシアの人々を苦しめ、なによりそのことで日本軍が恨まれていたら、独立宣言文の日付に「皇紀」など使われるはずがない。

まさにこのことが、日本軍による軍政の本質と地元の人々の対日感情をなにより雄弁に物語っていよう。

インドネシアのアラムシャ元第3副首相はこう述べている。

《我々インドネシア人はオランダの鉄鎖を断ち切って独立すべく、三百五十年間に亘り、幾度か屍山血河の闘争を試みたが、オランダの狡智なスパイ網と、強靭な武力と、過酷な法律によって、圧倒され壊滅されてしまった。

それを日本軍が到来するや、たちまちにしてオランダの鉄鎖を断ち切ってくれた。インドネシア人が歓喜雀躍《じゃくやく》し、感謝感激したのは当然である》（ASEANセンター編『アジアに生きる大東亜戦争』展転社）

そして忘れてはならないのが1945年（昭和20）8月15日の終戦の日以降の「残留日本兵」の戦いである。

そこに大東亜戦争の真意があり、この戦争がアジア解放のための戦いであったことの証拠がある。

アジア地域でその植民地宗主国の欧米列強諸国と戦った日本軍将兵は、8月15日の敗戦の報に茫然自失となり、筆舌に尽くしがたい悲嘆にくれて中には自決する者まで現れた。日本軍将兵にとって、敗戦は、耐えがたき屈辱であると同時に〝アジア解放〟というもう一つの大義が潰えたことへの無念もまた彼らを苦しめた。

私は、これまで多くの元軍人から「アジアの人々に申し訳なかった」という異口同音の言葉を幾度となく耳にしてきた。その意味するところは、日本が力及ばず敗戦したことでアジア諸民族の期待に応えることができなかったことへの謝罪であり、日本が〝アジアの人々に戦争で被害を与えたことへの反省の弁〟などではなかったのだ。

このことは、終戦後も現地にとどまってアジア諸民族の独立のために再び銃を執って戦った日本軍将兵の存在がなにより雄弁に物語っていよう。

彼らは、日本の敗戦で再び植民地に舞い戻ってきた列強諸国と戦ったのである。それは、アジア諸国の独立のための戦いであり、彼らはまさに大東亜共同宣言の実践者だったのだ。

8月15日の終戦から2日後の8月17日、前述したようにスカルノとハッタはインドネシアの独立宣言を行なったのだが、かつての宗主国オランダやその盟友イギリスがその独立を許さなかった。こうして独立をかけた対蘭英戦争つまり「インドネシア独立戦争」が始まったのである。

先ず日本軍が育成したＰＥＴＡが立ち上がった。

まさしく祖国防衛義勇軍――この時のために厳しい訓練を積んできたのだ。彼らは日本軍の武器で戦ったが、武器がゆきわたらなかった者は、竹ヤリをもって蘭英軍を迎え撃った。

なるほど各地の博物館には、この竹ヤリをよく目にする。また激しい戦闘が行われたスラバヤの中心にも竹ヤリのモニュメントがある。ジャカルタのカリバタ英雄墓地の巨大なモニュメントも竹ヤリであり、いわばインドネシア独立戦争のシンボルとなっているのだ。日本では「竹ヤリ」が、精神論だけで戦う日本の愚かさに対する揶揄・嘲笑の象徴として使われているが、実は竹ヤリという前近代的な武器は有効な兵器だったのである。

インドネシア人は、二度と再びオランダの植民地にはなるまいと、あらゆる武器を手に死力を尽くして戦ったのだった。

日本の敗戦時、インドネシア人はオランダと戦うための武器を日本軍に求めたが、降伏した日本軍は連合軍の目があるため、そう簡単にインドネシア側へ武器を渡すことができず、一時は、不本意な武力衝突も発生した。だが最終的には日本軍から大量の武器が、独立戦争のために立ち上がったインドネシア人の手に渡ったのである。

そして2000人もの日本軍将兵が日本へ復員せず、インドネシア独立のために立ち上がったのだ。

むろん彼らとて、後ろ髪を引かれたに違いない。だがかつて日本軍将兵を、オランダ植民地からの解放の救世主として歓迎してくれたインドネシアの人々を見捨てて帰国することはできなかったのである。

日本軍兵士の中には、現地で天皇陛下の「終戦の詔勅」を聞いて、現地人のために立ち上がった者もいた。

田中正明氏によれば、「東亜ノ解放ニ協力セル諸盟邦ニ対シ遺憾ノ意ヲ表セサルヲ得ス」の一節に、責任と使命感を奮起させインドネシア独立のために再び立ち上がった日本軍人がいたという。

彼らは、祖国日本への帰還と愛する家族との再会の夢を断腸の思いでかなぐり捨て、インドネシア独立のために再び銃を執ったのである。そうしてインドネシア独立までにおよそ1000人もの日本兵が戦死した。

そんな残留日本兵達の中で独立達成後もインドネシアに残ってこの地で生涯を閉じた者

も多くいた。彼らは今、ジャカルタの「カリバタ国立英雄墓地」をはじめスラバヤやスマトラなど全国各地の英雄墓地に眠っている。そして彼らは、インドネシア独立戦争を戦い抜いた〝英雄〟として人々から讃えられているのだ。

2023年（令和5）6月、天皇皇后両陛下が国立英雄墓地を参拝されたことで、残留日本兵の存在が日の目を見たことは何よりだった。

1949年（昭和24）12月、4年半に及ぶオランダとの戦いの末にインドネシアは独立を勝ち取った。インドネシアはそのために残留日本兵1000人を含む80万人の尊い犠牲を払ったのである。

祖国日本のために大東亜戦争を戦い、敗戦後もなおその大義を完遂するためにインドネシア独立戦争を戦い抜いた日本軍人はアジア解放の英雄だったのだ。

戦後、インドネシアの元首相モハメッド・ナチール氏はこのように語っている。

《アジアの希望は植民地体制の粉砕でした。大東亜戦争は、私たちアジア人の戦争を日本が代表して敢行したものです》

またアラムシャ元第3副首相はこう語る。

《インドネシアが主権を獲得した後の1955年、アジア・アフリカ会議が開催されました。そしてこの会議こそ「我々も独立すべきだ！」と全アジア・アフリカの目を開きました。アジア・アフリカ会議によって全アジアが独立しなければならないと決心したのです。それも第二次世界大戦で大東亜戦争がなかったならば、アジア・アフリカ会議もできなかったし、アジア・アフリカの独立もありえなかったでしょう》（『独立アジアの光』日本会議事業センターDVD）

アラムシャ氏の言う通り、日本の大東亜戦争がインドネシアを独立させ、それがきっかけとなって世界中の植民地が独立していったのである。そして1955年（昭和30）、インドネシアのバンドンで民族自決・反植民地主義を訴えたアジア・アフリカ会議が開かれたのだった。

歴史には光と影がある。戦禍に巻き込まれて無辜《むこ》の人々が犠牲となり怨嗟の声もあったことだろう。だが日本軍は、350年にわたる過酷なオランダのインドネシア植民地支配を終焉させ、地元の人々のための善政を敷いた。そしてインドネシア人は大東亜戦争終結後もインドネシア独立戦争で一緒に戦ってくれた日本軍将兵に対する感謝の気持ちを持ち続けているのである。

現在、防衛省内にある東京裁判が行われた講堂を保存する市ケ谷記念館の脇に、インドネシア独立の英雄スディルマン将軍の銅像が建立されている。スディルマン将軍は日本軍が創設したPETAの出身者で、初代の国軍司令官を務め、今なお国民の尊敬を集めている偉人である。

この銅像はインドネシア政府から唯一日本にだけに贈られたもので、毎年8月17日のインドネシア独立記念日に、駐日インドネシア共和国大使の列席のもとに銅像への献花式が行われている。

この事実はいったい何を意味しているのかを考え、戦後日本人が信じ込まされてきた悪しき定説を正さねばならない。

ベトナムでも同じだった。

終戦を迎えてもなお600人もの日本軍将兵が現地に残留しベトナム独立のために戦ったのである。

1945年（昭和20）8月15日、仏印とよばれた仏領インドシナで敗戦を迎えた日本軍将兵の中に、この地に残留してベトナムの独立のために戦おうとする者が現れたのだった。

このことについては、仏印における日本軍工作機関「安機関」の内部でも意見が分かれたが、最終的に岡部肇大尉、石川吉光大尉、山田隆一大尉、牧田保彦大尉、日比少尉らが、ベトナムの独立のために戦うことを決意したのである。

日本が9月2日に降伏文書に調印したその日に、独立を宣言したホー・チ・ミンの「ベトナム民主共和国」が、駐留していた日本軍に兵器の譲渡を求め、さらに「日本軍将兵を新生ベトナム軍の教官として迎えたい」と願い出てきた。

残留日本軍兵士らはこの申し入れを受け入れ、1946年（昭和21）6月1日、グエン・ソン将軍を校長とする指揮官養成のための「クァンガイ陸軍中学」が設立された。この学校は、教官と助教官が全員日本陸軍の将校と下士官というベトナム初の「士官学校」だったのである。

全国から選抜された若いベトナム青年約400人を4個大隊に分け、彼らは、日本人教官から戦技・戦術をはじめ指揮統制要領など日本陸軍の優れた戦術を学んだのだった。

クァンガイ陸軍中学の4個大隊の教官（カッコ内ベトナム名）は、谷本喜久男少尉（ドン・フン）、中原光信少尉（グエン・ミン・ゴック）、猪狩和正中尉（ファン・ライ）、加茂徳治中尉（ファン・フエ）であった。また各大隊の教官を支える助教官もすべて日本軍下士官であった。

谷本少尉と中原少尉は、共に日本陸軍独立混成第34旅団の情報将校であり、のちにベトミンの独立戦争に参加して戦死した井川省少佐の部下であった。また猪狩中尉および加茂中尉は、第2師団歩兵第29連隊第3大隊の中隊長であった。

《この学校（クァンガイ陸軍中学）は四六年一月、北部が主戦場となったため閉鎖され、教官四人と助教官の青山浩（チン・クァン）は第五戦区主力部隊と前後して次々に北上、すでに北部に集まっていた多くの旧日本軍将兵とともに、芋と野草だけで胃袋を満たすような苦難に耐えて戦闘指導や軍事幹部養成に尽力することになった。青山は歩兵部隊の副大隊長となり、五二年（昭和27）にハノイ南東の農村で戦死した》（『やすくに』平成12年4月1日号――最初と最後のカッコ内は筆者注）

その他、ナンソン村には石井貞雄少佐らによる同様の「トイホア陸軍中学」があり、つまりベトミン軍は、日本陸軍軍人によって育てられたのである。ということはベトミン軍は、日本陸軍を引き継いだ〝ベトナム人で構成された日本陸軍〟だったともいえよう。

ベトナムの兵士達は、構築した地下トンネルに身を潜め、そして好機到来とみるや、トンネルから出てきて奇襲攻撃を仕掛けるゲリラ戦法で圧倒的物量を誇る仏軍や米軍に挑んだ。まさに〝忍者〟そのものであり、その戦術に、太平洋の島々で戦った日本軍の遺伝子を感じずにはいられない。事実、巧みに張り巡らした地下トンネルを利用したこのゲリラ戦法は、残留日本軍将兵の置き土産であるという。

《(クァンガイ陸軍中学などの)生徒の大半がのちにベトナム人民軍将校団の中核部分を構成し、ベトナム戦争では連隊長級の指揮官や作戦参謀として米軍を悩ましたことは、これら日本人教官の指導がいかに優れていたかを雄弁に物語っている》(名越二荒之助編『昭和の戦争記念館　第四巻　大東亜戦争その後』)

かつて南方の島々で米軍を苦しめた夜襲や、複廓陣地あるいは自然壕を利用した日本軍の戦術は、第1次インドシナ戦争でフランスを打ち負かし、そしてベトナム戦争でかの米軍をも撃退したのだった。つまり日本軍の戦術は、ベトナム戦争でついに米軍に勝利したというわけである。

さらに残留日本軍将兵は、ベトナム人の教育だけではなく、インドネシアの例と同じく、自らもベトナムの独立戦争に身を投じ、ベトナム人兵士を指揮して戦ったのである。

小倉貞男著『ヴェトナム戦争全史』(岩波書店)によれば、ベトミンに協力した日本軍人は766人、戦病死者47人、そして1954年にフランスが敗れてインドシナ戦争が終結して日本に帰還したのはわずか150人で、残りの約450人はその後もベトナムに留まり続け、いまも消息不明のままだという。

彼らの中には、第1次インドシナ戦争（1946―1954）に続くアメリカとの第2次インドシナ戦争（「ベトナム戦争」1960―1975）でも戦闘に参加した者がいたようだ。

元朝日新聞ハノイ支局長の井川一久氏は『やすくに』（平成12年4月1日号）でこう述べている。

《これら離隊者は、公私さまざまな資料によると約八百人で、うち約六百人はベトミンの独立闘争に参加し、その少なくとも半数はベトナムの山野に望郷の思いを残して戦病死したと推測される。推測されると曖昧な言い方しかできないのは、対仏独立戦争（第一次インドシナ戦争）自体が第二次世界大戦後の旧植民地独立戦争の中で最も激烈なものだったうえ、その終結後に惨烈きわまる第二次インドシナ戦争（いわゆるベトナム戦争）が始まり、残留日本人の事跡などは調査不可能といってもよい状態になったからである。

ベトミンに参加した日本人は「新ベトナム人」と呼ばれていた。その墓は随所にあり、一部は各地の烈士碑（忠魂碑）を囲む「烈士墓地」に葬られているが、いずれもベトナム名なので本名を知るすべはない。こういったことも追跡調査をむずかしくしている。

例えば、サイゴン西北のアンフードン村には、村の守り神のように大切にされている二つの大きな墓碑がある。それらは一九五六年二月の仏軍来襲に際し、村民を逃がすために二人だけで白兵戦を試みて死んだ日本兵の墓なのだが、碑面にはグエン・バン・ビン、グエン・バン・トァットというベトナム名しかなく、村人にいくら聞いても本名、出身地、旧所属部隊などは全くわからない》(前出『昭和の戦争記念館　第四巻　大東亜戦争その後』)

前出の石井貞雄少佐は、カンボジアのプノンペンで終戦を迎えたが、日本への帰国を拒否し、ベトミン軍の南部総司令部の顧問としてゲリラ戦を伝授しながらフランス軍と戦い、そして1950年(昭和25)5月20日、敵弾に斃れた。享年31だった。

石井少佐は、次のような言葉を残してベトナム独立のために命を捧げた。

《敗北の帰還兵となるよりも同志と共に越南独立同盟軍に身を投じ、喜んで大東亜建設の礎石たらんとす》

日本の敗戦という報に接し、彼らも祖国日本に帰りたかったに違いない。そして歓呼の声で送り出してくれた家族に会いたかったであろう。しかし彼らはその思いを捨て、たった一つの尊い命を、祖国の戦争目的の一つだった大東亜建設のために捧げたのだった。

日本軍将兵はアジア地域を侵略したのではない。すべての日本軍将兵は、自存自衛とアジア解放のため、アジア人のアジアを建設するために戦ったのである。

マレーシアの元上院議員のラジャ・ダト・ノンチック氏はこう語っている。

「私たちアジアの多くの国は、日本があの大東亜戦争を戦ってくれたから独立できたのです。日本軍は、永い間アジア各国を植民地として支配していた西欧の勢力を追い払い、とても白人には勝てないとあきらめていたアジアの民族に、驚異の感動と自信を与えてくれました。永い間眠っていた〝自分たちの祖国を自分たちの国にしよう〟という心を目醒めさせてくれたのです」（名越二荒之助『世界から見た大東亜戦争』展転社）

これがアジアの肉声であり。大東亜戦争の真実なのである。

【参考文献】
『丸エキストラ　戦史と旅』（潮書房）4 / 5 / 6 / 7 / 8 /10 / 11 /12 / 13 / 34 / 35
『丸エキストラ版』（潮書房）19 / 66 / 68 / 72 / 75/ 77 / 80 / 85/
『丸別冊』（潮書房）　戦勝の日々 / 北海の戦い / 悲劇の戦場 / 最後の戦闘 / 終戦への道程
『アメリカ海兵隊の太平洋上陸作戦』㊤㊥㊦　河津幸英著（アドリアネ企画）
『太平洋戦争　エースパイロット列伝』（双葉社）
『日本海軍戦闘機隊』（酣燈社）
『日本陸軍戦闘機隊』（酣燈社）
『三四三空隊誌』
『あの戦争』㊤㊥㊦産経新聞社編／集英社
『シンガポール総攻撃』岩畔豪雄著（光人社ＮＦ文庫）
『マレー沖海戦』須藤朔著（新装版戦記文庫―朝日ソノラマ）
『源田の剣』高木晃治・ヘンリー境田共著（双葉社）
『ペリリュー島玉砕戦』舩坂弘著（光人社ＮＦ文庫）
『英霊の絶叫』舩坂弘著（光人社ＮＦ文庫）
『玉砕の島』佐藤和正（光人社ＮＦ文庫）
『台湾人と日本精神』蔡焜燦著（小学館）
『台湾人元志願兵と大東亜戦争』鄭春河著（展転社）
『真珠湾作戦　回顧録』源田実著　（読売新聞社）
『海軍航空隊始末記　戦闘篇』源田實著（文藝春秋社）
『真珠湾攻撃総隊長の回想　淵田美津雄自叙伝』淵田美津雄著　（講談社文庫）
『真珠湾攻撃』淵田美津雄著　（ＰＨＰ文庫）
『インパールを越えて』国塚一乗著　（講談社）
『あっぱれ日本兵』ケニス・ハリスン著　塚田敏夫訳（成山堂書店）
『島田戦車隊』島田豊作著　（光人社）
『マレーの虎　山下奉文の生涯』ジョーン・Ｄ・ポッター著・江崎伸夫訳　（恒文社）
『わが回想のルバング島』小野田寛郎著　（朝日文庫）
『堀内海軍大佐の生涯』上原光晴著　（光和堂）
『街道をゆく 40　台湾紀行』司馬遼太郎著　（朝日新聞社）
『本田稔空戦記』岡野光俊著　（光人社ＮＦ文庫）
『父・山口多聞』山口宗敏書（光人社ＮＦ文庫）
『グアム島玉砕戦記』佐藤正和著　（光人社ＮＦ文庫）
『天皇の島』児島襄著（講談社）
『続　蒼空の河』穴吹智著　（光人社ＮＦ文庫）
『戦闘機「紫電改」』碇義朗著　（白金書房）
『蒼空の器』豊田穣著　（光人社）
『海軍特別攻撃隊』豊田穣著（集英社文庫）
『あゝ神風特攻隊』安延多計夫著（光人社ＮＦ文庫）
『歴史と旅／太平洋戦争名称・勇将総覧』秋田書店
『米国大統領への手紙』 平川祐弘著　（新潮社）
『沖縄』米陸軍省戦史編纂部編集・外間正四郎翻訳　（光人社ＮＦ文庫）

『8月17日、ソ連軍上陸す　最果ての要衝・占守島攻防記』大野芳著（新潮社）
『われは銃火にまだ死なず』南雅也著　（泰流社）
『帝国陸軍の最後』伊藤正徳著（角川文庫）
『戦車第十一聯隊史』
『一九四五年夏　最後の日ソ戦』中山隆志著（国書刊行会）
『歴史群像』No. 32 / 34 /36 / 37 / 39 / 41 / 43 / 45 / 46 / 49 / 52 / 53 /55 / 57 / 65 / 96/ 102 学習研究社
『世界から見た大東亜戦争』名越二荒之助編（展転社）
『アジアから見た大東亜戦争』ＡＳＥＡＮセンター編（展転社）
『昭和の戦争記念館』第３巻・第４巻・第５巻　名越二荒之助編（展転社）
『陸軍飛行第244戦隊史』櫻井隆著
『「大和」とは何か』日下公人・三野正洋著（WAC）
『戦史の肖像』神立尚紀著（文春ネスコ）
『零戦、かく戦えり！』零戦搭乗員会編（文春ネスコ）
『零戦　最後の証言　大空に戦ったゼロファイターたちの風貌２』神立尚紀著　（光人社ＮＦ文庫）
『零戦最後の証言２』神立尚紀著　（光人社ＮＦ文庫）
『海の武士道』恵隆之介著（産経新聞出版）
『実録太平洋決戦』立風書房
『教科書が教えない歴史』②　産経新聞社
『連合艦隊』　日米開戦編／日米決戦編／激闘編下巻／勃興編上巻（世界文化社）
『連合艦隊のすべて』（双葉社）
『真珠湾攻撃』（双葉社）
『激闘ソロモン海戦』（双葉社）
『日本海軍航空隊』（双葉社）
『撃墜王は生きている』井上和彦著（小学館）
『日本が戦ってくれて感謝しています』井上和彦著（産経新聞出版）
『最後のゼロファイター　本田稔元少尉「空戦の記録」』井上和彦著（双葉社）
『海軍中将大西瀧治郎』秋永芳郎著（光人社ＮＦ文庫）
『戦士の遺書』半藤一利著（文春文庫）
『フィリピン決戦』村尾国士（学研文庫）
『海軍航空隊とカミカゼ』新人物往来社
『ヴェトナム戦争全史』小倉貞男著（岩波書店）
『神本利男とマレーのハリマオ』土生良樹著（展転社）
『東京裁判　日本の弁明』小堀桂一郎編著（講談社学術文庫）
『毛沢東思想万歳』下　毛沢東著　（東京大学近代中国史研究会）
日本会議事業センターＤＶＤ『自由アジアの栄光』『独立アジアの光』
『戦場ガイド』―マラヤ・シンガポール攻略―メディアマスターズ社
『産経新聞』
その他、公開情報を参考にさせていただいた。

井上和彦（いのうえ　かずひこ）
軍事ジャーナリスト。1963年、滋賀県生まれ。法政大学卒。専門は軍事・安全保障・外交問題・近現代史。バラエティー番組やニュース番組のコメンテーターを務める。〝軍事漫談家〟の異名を持つ。産経新聞「正論」執筆メンバー。フジサンケイグループ第17回「正論新風賞」受賞。著書に、『日本が戦ってくれて感謝しています』①②『日本が感謝された日英同盟』（産経新聞出版）をはじめ、『撃墜王は生きている！』（小学館）、『東京裁判をゼロからやり直す』（共著小学館新書）、『大東亜戦争秘録　日本軍はこんなに強かった！』『東日本大震災秘録　自衛隊かく戦えり』『こんなに強い自衛隊』（双葉社）など多数。

歪《ゆが》められた真実《しんじつ》
昭和《しょうわ》の大戦《たいせん》（大東亜《だいとうあ》戦争《せんそう》）

2023年７月23日　初版発行
2024年２月14日　第４刷

著　者　井上　和彦

発行者　鈴木　隆一

発行所　ワック株式会社
東京都千代田区五番町4-5　五番町コスモビル　〒102-0076
電話　03-5226-7622
http://web-wac.co.jp/

印刷製本　大日本印刷株式会社

ISBN978-4-89831-971-0